## Steigerung der kommunikativen Kompetenz durch Transferleistung

Sehr geehrte Kolleginnen und Kollegen,

die im Gemeinsamen europäischen Referenzrahmen (GeR) für Sprachen beschriebenen **Bildungsstandards** dienen bundesweit als Orientierung für die Anforderungen des Fremdsprachenunterrichts. Wie die Standardaufgaben zu Heft 1 folgt auch die vorliegende Aufgabensammlung den Vorgaben der Bildungsstandards.
Ihr regelmäßiger Einsatz erlaubt Ihnen eine kontinuierliche **Überprüfung des Leistungsstands** Ihrer Schülerinnen und Schüler im Hinblick auf die **grundlegenden Fertigkeiten** und **Basiskompetenzen** im Französischunterricht. Maßnahmen zur Verbesserung der Lernergebnisse und der Förderung einzelner Teilkompetenzen lassen sich dann gezielter festlegen.
Die Standardaufgaben eignen sich ebenfalls zu gelegentlichen **schulinternen Vergleichen**, um im Sinne der **Qualitätssicherung des Unterrichts** spezifischen **Lern- und Förderbedarf** zu erkennen. Für den Einsatz als **Klassenarbeiten** im herkömmlichen Sinn ist eine eingehende Auseinandersetzung mit den anzusetzenden Beurteilungsmaßstäben erforderlich (vgl. Seite 59).

Die Standardaufgaben orientieren sich auch in Heft 2 hinsichtlich Grammatik, Lexik und Redemitteln an der Progression des Lehrwerks *Tous ensemble 2*, allerdings lösen sich die Inhalte der verschiedenen Aufgaben mehr und mehr vom Lehrwerk.
Die Schülerinnen und Schüler werden in zunehmendem Maße aufgefordert, unbekanntes Vokabular mit unterschiedlichen Techniken zu erschließen, z.B. durch Nutzen des Kontextes, Vergleichen mit der Muttersprache und anderen Fremdsprachen. Die Bildungsstandards überprüfen **funktionale kommunikative Kompetenzen**. Daher werden Sie auch bei der Überprüfung sprachlicher Mittel wie der Verbformen **handlungsorientierte** Aufgaben vorfinden, die inhaltliche Entscheidungen von Ihren Schülerinnen und Schülern verlangen und somit komplexere **Transferleistungen** darstellen.

**Neu** gegenüber Heft 1 ist die Erweiterung der Einzelkompetenzen durch den Bereich ***Parler***.
In diesen Aufgaben können die Schülerinnen und Schüler ihre immer komplexer werdenden Kenntnisse im **zusammenhängenden** oder **dialogischen Sprechen** erproben. Durch praxisrelevante und jugendnahe Sprechanlässe werden sie motiviert, sich in alltäglichen kommunikativen Situationen zu bewähren.
Spezielle **Kriterienkataloge** enthalten in schülerorientierter Diktion Vorschläge für die **Vorbereitung, Durchführung und Präsentation der mündlichen Kommunikationsaufgaben**.
Sie tragen zur Transparenz der Beurteilung bei und sollen Ihren Schülerinnen und Schülern auf dem schwierigen Weg zum **Freien Sprechen** eine nützliche Stütze und Orientierungshilfe sein. Die Kriterienkataloge finden Sie auf den Seiten 60 und 61.

### Aufgabentypen

Die Standardaufgaben bieten Material zu den vier Kompetenzbereichen ***Ecouter*** (Hörverstehen), ***Lire*** (Leseverstehen), ***Communiquer*** (sich schriftlich mitteilen und Sprachmittlung) und ***Parler*** (Freies Sprechen) an. In ihnen sollen eingeübte Strukturen und Arbeitstechniken zur **Anwendung** kommen. Sie orientieren sich an der untersten Kompetenzstufe A1/A2 des GeR.
In diesem Heft finden Sie wieder geschlossene, halb offene und offene Aufgabenformen.
Offene Aufgaben, in denen Ihre Schülerinnen und Schüler ihre Kreativität sinnvoll einsetzen können, werden durch Wort- und Bildimpulse gelenkt.
Aufgaben, die zur Differenzierung geeignet sind, erkennen Sie an dem Dreieck Δ.
Wie im Schülerbuch und im *Cahier d'activités* von *Tous ensemble 2* gibt es auch in diesem Heft Aufgabenformen, die die Schülerinnen und Schüler in der **DELF-Prüfung** wieder finden. (Delfin-Symbol).

Zu Beginn des **Annexe**-Teils finden Sie **Empfehlungen** und **Hinweise zur Beurteilung der schriftlichen Schülerleistungen** (Seite 59).
Es schließen sich die beiden Kriterienkataloge zum Freien Sprechen an, danach folgen Informationen über **Schwerpunkte, Aufgabentypen,** Angaben zum **Zeitaufwand, Hinweise** und **Lösungen** bzw. **Lösungsvorschläge** zu den einzelnen Aufgaben. Der hintere Innenumschlag enthält die **Multisession-CD** mit sämtlichen Hörverstehenstexten (audio und print).

### Auto-évaluation

Wie in Heft 1 der Standardaufgaben befindet sich nach den beiden *Révisions*-Teilen jeweils ein Bogen zur Selbst- und Fremdeinschätzung.
Die beiden Bögen regen zu einem (selbst-)kritischen Rückblick auf die bisher erbrachten **Lernleistungen** an und bieten die Möglichkeit, das eigene Lernverhalten zu reflektieren und den **weiteren Lernprozess positiv zu beeinflussen**.

Wir wünschen Ihren Schülerinnen und Schülern viel Erfolg!

Ihr *Tous ensemble*-Team

 Name: Klasse: Datum:

## 1 Les copains de Lucie[1]

→ Ecouter

**a** *Frédéric, Simon et Clément téléphonent à Lucie mais elle n'est pas à la maison. Alors ils laissent des messages sur son répondeur. (Sie hinterlassen Nachrichten auf ihrem Anrufbeantworter.) Ecoute les trois messages. Quelles activités sportives est-ce qu'ils proposent? (Welche sportlichen Aktivitäten schlagen sie vor?) Coche les bonnes réponses.*

| | | | | | | | |
|---|---|---|---|---|---|---|---|
| Frédéric | ☐ | ☐ | ☐ | ☐ | ☐ | ☐ | ☐ |
| Simon | ☐ | ☐ | ☐ | ☐ | ☐ | ☐ | ☐ |
| Clément | ☐ | ☐ | ☐ | ☐ | ☐ | ☐ | ☐ |

**b** *Lis les phrases et les réponses. Ecoute encore une fois les messages et coche les bonnes réponses.*

**message n° 1**

| | | |
|---|---|---|
| 1. La rando en canoë, c'est à … | Arcachon[2]. | ☐ |
| | Calais. | ☐ |
| | Saint-Malo. | ☐ |
| 2. La rando commence … | mercredi à 10 h 00. | ☐ |
| | mardi à 10 h 00. | ☐ |
| | mercredi à 10 h 30. | ☐ |

**message n° 2**

| | | |
|---|---|---|
| 1. Simon va à Biarritz avec … | sa mère. | ☐ |
| | son frère et des copains. | ☐ |
| | des copines. | ☐ |
| 2. Ils prennent le train à … | 20 h 15. | ☐ |
| | 20 h 45. | ☐ |
| | 20 h 30 | ☐ |

**message n° 3**

| | | |
|---|---|---|
| 1. Clément va rester à Arcachon … | une semaine. | ☐ |
| | un week-end. | ☐ |
| | un mois. | ☐ |
| 2. Il va passer ses vacances … | dans un camping. | ☐ |
| | avec des copains. | ☐ |
| | dans un camp de vacances. | ☐ |
| 3. Il trouve ça … | grave. | ☐ |
| | génial. | ☐ |
| | cher. | ☐ |

1 **Lucie** [lysi] *weibl. Vorname* – 2 **Arcachon** [aʀkaʃõ] *Stadt an der frz. Atlantikküste*

## 2 Les petites annonces[1]

→ Lire et écrire

**a** *Lis les petites annonces et réponds aux questions.*

①

**Salut! Nous sommes trois filles de Paris.**
Nous avons de 14 à 16 ans. Pendant[2] les vacances, nous voulons faire du cheval et du surf sur la côte Atlantique. Qui peut nous donner des informations sur un club de vacances dans la région de Biarritz? Ecrivez au journal. Merci!
**Ninon, Léa et Julie**

②

**TOULOUSE, VILLE[3] DU SPORT**
Les **12, 13 et 14 juin**, la ville de Toulouse organise un tournoi[4] de rugby pour les jeunes des collèges de la ville et de la région.
**Nous cherchons 24 équipes (8 équipes filles et 16 équipes garçons).**
Pique-nique et soirée rugby après les matchs le 14 juin pour les jeunes et leurs profs de sport.
**Infos: Mme Ovale Tél.: 04.12.13.14.15**

③

**Centre de vacances «Au bord de l'eau»**
**3, rue de la Mer, 35400 Saint-Malo**
**Salut, les jeunes!** Vous avez de 12 à 18 ans et vous aimez le sport, la plage[5] et les copains! Notre centre de vacances vous propose des activités sympas pour des vacances «fun»!
**1 semaine: 275 € // 2 semaines: 500 €**
**■ terrain de tennis ■ cours de voile ■ randos organisées**
Réservation: info@centredevacances.fr

④

*Salut! Je m'appelle Julien, j'ai 15 ans et je voudrais organiser* ***une rando en VTT près de Toulon*** *en juillet (1 semaine). Après, on peut passer le week-end* ***à bord d'un bateau à voiles****. Ça vous intéresse? Ecrivez-moi: rando.jul@yahoo.fr Alors, à bientôt!*

1. Quels[6] sont les sports préférés[7] de Ninon, Léa et Julie? ____________________
2. Qu'est-ce que c'est en allemand[8]: la côte Atlantique? ____________________
3. La ville de Toulouse organise un tournoi de quel sport? ____________________
4. Qu'est-ce que c'est en allemand: une équipe? ____________________
5. Quelles activités est-ce qu'on propose au centre de vacances? ____________________
____________________
6. Qu'est-ce que c'est en allemand: un terrain de tennis? ____________________
7. Qu'est-ce que Julien veut organiser en juillet? ____________________
8. Traduis: à bord d'un bateau à voiles ____________________

**b** *Lis les phrases et coche si c'est vrai ou faux ou si ce n'est pas dans le texte.*

| | vrai | faux | pas dans le texte |
|---|---|---|---|
| 1. A Paris, Ninon, Léa et Julie font du cheval après l'école. | ☐ | ☐ | ☐ |
| 2. Elles veulent aller dans un camp de vacances. | ☐ | ☐ | ☐ |
| 3. Toulouse organise un tournoi de rugby pour les jeunes de Paris. | ☐ | ☐ | ☐ |
| 4. Après les matchs, la ville organise un pique-nique et une soirée. | ☐ | ☐ | ☐ |
| 5. Le centre de vacances à Saint-Malo organise des randos. | ☐ | ☐ | ☐ |
| 6. Au centre de vacances, on peut faire du tennis le matin et le soir. | ☐ | ☐ | ☐ |
| 7. Julien cherche des garçons et des filles. | ☐ | ☐ | ☐ |
| 8. Ils vont être à bord d'un bateau pendant une semaine. | ☐ | ☐ | ☐ |

1 **une petite annonce** [ynp(ə)titanõs] eine Kleinanzeige – 2 **pendant** [pãdã] während – 3 **une ville** [ynvil] eine Stadt – 4 **un tournoi** [ɛ̃turnwa] ein Turnier – 5 **une plage** [ynplaʒ] ein Strand – 6 **quel(s)/quelle(s)** [kɛl] welcher, welche, welches *(Fragebegleiter)* – 7 **le sport préféré** [ləspɔrprefere] die Lieblingssportart – 8 **en allemand** [ãnalmã] auf Deutsch

Name: Klasse: Datum:

## 3 Les Nobel au bord de l'eau
→ Lire et écrire

*Les Nobel passent une journée au bord de l'eau. Mme Nobel est un peu énérvée (genervt) …*
*Lis d'abord les dialogues. Puis, complète avec les pronoms objets* ***me/te/nous/vous****.*

① *Alice et Alex:* Maman, est-ce que tu ________ cherches? *Mme Nobel:* Non, non, je ne ________ cherche pas. Je cherche votre frère. *Alice et Alex:* Fred? Il ne ________ intéresse pas!

② *M. Nobel:* Chérie[1], je ________ montre les crevettes[2]? *Mme Nobel:* Ah non, pas maintenant. Ça ne ________ intéresse pas. *M. Nobel:* Mais tu aimes ça, non? Je ne ________ comprends pas!

③ *Fred:* Maman, je suis là! Tu ________ regardes? *Mme Nobel:* Frédéric, non! Arrête! Je ne peux pas ________ regarder, j'ai peur! *Les copains de Frédéric:* Mais madame, on saute[3] ensemble! Ça ne ________ intéresse pas? Vous ne voulez vraiment pas ________ regarder?

## 4 Vouloir n'est pas pouvoir!
→ Lire et écrire

*Lis les dialogues et complète avec les formes correctes du verbe* ***pouvoir*** *ou du verbe* ***vouloir****.*

1. *Alex:* Tu vas à la fête du club de voile? *Pierre:* Non, je ne ________ pas. J'ai rendez-vous avec des copains.

   *Alex:* Dommage! Mais tes copains ne ________ pas aller à la fête?

   *Pierre:* Non, ils n'ont pas envie. Ils ________ aller au cinéma. *Alex:* Et alors?

   Vous ________ aller d'abord au cinéma et après à la fête, si vous ________!

   *Pierre:* Oui, c'est une idée!

2. *Alice:* Le centre est génial, maman. On ________ faire du sport le matin et l'après-midi si on ________. *Maman:* Raconte. Qu'est-ce que tu vas faire?

   *Alice:* Demain, je ________ faire une rando en canoë. J'adore ça. Nicolas, un garçon de Paris, ________ faire la rando avec moi! *Maman:* Ah ah! Tu as déjà un copain!

3. *Papa:* Ecoutez! Nous ne ________ pas aller à Arcachon[4] pour les vacances. C'est trop cher!

   *Julie et Paul:* Mais nous ne ________ pas rester à Paris! C'est nul!

   *Papa:* Mais vous ________ passer deux semaines à Biarritz chez vos cousins!

   Ils ________ vous montrer la région si vous ________!

   *Paul:* Génial! Julie, à Biarritz, tu ________ regarder les garçons sur la plage[5]!

   *Julie:* Très marrant!

1 **chéri(e)** *(m., f.)* [ʃeʀi] Liebling – 2 **une crevette** [ynkʀəvɛt] eine Krabbe – 3 **sauter** [sote] springen – 4 **Arcachon** [aʀkaʃõ] *Stadt an der frz. Atlantikküste* – 5 **une plage** [ynplaʒ] ein Strand

Name: Klasse: Datum: 

## 5 Se présenter[1]

→ Parler

*C'est ton premier jour (erster Tag) dans la classe de ton / ta corres. Tu as 5 minutes pour te présenter.*
*Utilise les mots que tu as appris. Fais attention à la structure des phrases.*
*(Benutze die Wörter, die du gelernt hast. Achte auf den Satzbau.)*

nom | âge | adresse | famille | animal[2] / pas d[3]'animal | hobby(s) et sport(s)

## 6 Qu'est-ce qu'ils font pendant[4] les vacances?

→ Parler

**a** *Regarde les dessins. Choisis un dessin et raconte:*
*Où est-ce que Mark / Isabelle va en vacances? Qu'est-ce qu'il / elle fait?*
*Tu as 5 minutes de préparation et 5 minutes pour parler.*
*(Du hast 5 Minuten Vorbereitungszeit und 5 Minuten zum Sprechen.)*
*Tu peux prendre des notes si tu veux. (Du kannst Notizen machen, wenn du willst.)*

Isabelle

Mark

**b** *Maintenant, tu travailles avec ton / ta camarade de classe.*
*(Jetzt arbeitest du mit deinem/deiner Mitschüler/in.)*
*Faites un dialogue sur vos vacances.*

Où | Avec qui? | Quelles activités?

*Vous avez 5 minutes de préparation et 5 minutes pour parler.*
*Vous pouvez prendre des notes si vous voulez.*

1 **se présenter** [səpʀezɑ̃te] sich vorstellen – 2 **un animal** [ɛ̃nanimal] ein Tier – 3 **pas de** [padə] kein(e) – 4 **pendant** [pɑ̃dɑ̃] während

 

## 7 Au camping d'Arcachon[1]

→ Communiquer et écrire

*Tu es au camping d'Arcachon avec tes parents et ta sœur. Tes parents et ta sœur ne parlent pas le français. Alors tu poses les questions à votre voisin (Nachbar) de camping. Ecris le dialogue.*

1. Du begrüßt den Herrn und fragst ihn, was man in Arcachon machen kann.

   *Toi:* ____________________

2. Der Herr grüßt und sagt, dass ihr in Arcachon segeln oder surfen könnt, wenn ihr Sport mögt.

   *Le monsieur:* ____________________

3. Du sagst, dass ihr Sport toll findet und fragst, ob man auch Mountainbike fahren kann, [denn] das interessiert euch sehr.

   *Toi:* ____________________

4. Der Herr meint, dass er das nicht weiß. Er fügt hinzu, dass er seine Tage lieber am Wasser [= am Ufer] verbringt.

   *Le monsieur:* ____________________

5. Du erzählst, dass deine Mutter und deine Schwester sehr gerne shoppen gehen und fragst, ob sie das auch in Arcachon machen können.

   *Toi:* ____________________

6. Der Herr bejaht und sagt, dass sie mit seiner Frau *(= sa femme)*[2] in die Stadt *(= en ville)*[3] gehen können, wenn sie wollen. Ihn interessiert shoppen nicht.

   *Le monsieur:* ____________________

7. Du bedankst dich bei dem Herrn, das ist wirklich sehr nett. Dann sagst du, dass dein Vater jetzt gerne schwimmen will und du fragst den Herrn, ob er euch den Strand des Campingplatzes *(= la plage du camping)*[4] zeigen kann.

   *Toi:* ____________________

8. Er findet das eine tolle Idee und meint, dass er schwimmen liebt! Er holt jetzt nur noch seine Badehose.

   *Le monsieur:* ____________________

9. Du findest das super und bedankst dich [noch einmal]!

   *Toi:* ____________________

1 **Arcachon** [aʀkaʃɔ̃] *Stadt an der frz. Atlantikküste* – 2 **une femme** [ynfam] – 3 **en ville** [ɑ̃vil] – 4 **la plage du camping** [laplaʒdykɑ̃piŋ]

## 1 Un voleur dans le camp?

→ Ecouter et écrire

**a** *Julien et Rémi passent une semaine dans un camp de vacances. Julien entre dans sa tente. Il veut téléphoner à ses parents. Ecoute le dialogue et réponds aux questions.*

1. Qu'est-ce que Julien ne trouve plus? ______________________
2. Qui fait l'enquête? ______________________

**b** *Qu'est-ce que les jeunes ont fait cet après-midi (heute Nachmittag)? Ecoute encore une fois le dialogue. Puis, coche les bonnes réponses et réponds à la question n° 6.*

1. Cyril[1] est allé au bord de la mer avec …
   - Sébastien. ☐
   - Elodie[2]. ☐
   - Manon. ☐
2. Elodie est …
   - restée au camp. ☐
   - tombée dans les rochers. ☐
   - montée dans les rochers. ☐
3. Nicolas a fait …
   - du volley avec Sébastien. ☐
   - du foot avec Sébastien. ☐
   - du volley avec Cyril. ☐
4. Sébastien …
   - est resté dans sa tente. ☐
   - est allé dans les rochers. ☐
   - a joué sur la plage. ☐
5. Manon …
   - a téléphoné à ses parents. ☐
   - n'a rien fait. ☐
   - a accusé Rémi. ☐
6. Où est-ce que Julien a trouvé l'objet[3] cherché?

   ______________________________

## 2 Ecoute bien!

→ Ecouter

*Ecoute et lis les phrases. Ecoute une deuxième fois le CD et coche la phrase correcte.*

| | | | |
|---|---|---|---|
| 1. Ecoute-moi! | ☐ | Ecoutez-moi! | ☐ |
| 2. Ce n'est pas fait, Léa! | ☐ | Ce n'est pas vrai, Léa! | ☐ |
| 3. Je fais les courses. | ☐ | J'ai fait les courses. | ☐ |
| 4. Ah, c'est la mer! | ☐ | Ah, c'est sa mère! | ☐ |
| 5. Je veux manger une glace. | ☐ | Je vais manger une glace. | ☐ |
| 6. Ils ont quatre enfants? | ☐ | Ils sont quatre enfants? | ☐ |
| 7. Tout va bien? | ☐ | Tu vas bien? | ☐ |
| 8. Il achète un cadeau. | ☐ | Ils achètent un cadeau. | ☐ |
| 9. A la fin, elle est là. | ☐ | Enfin, elle est là. | ☐ |
| 10. Ils ont trouvé le portable. | ☐ | Ils vont trouver le portable. | ☐ |
| 11. Farid et David vont rentrer au camping. | ☐ | Farid et David sont rentrés au camping. | ☐ |
| 12. Théo a accusé Morgane. | ☐ | Théo va accuser Morgane. | ☐ |
| 13. Alice et Céline sont allées au cinéma. | ☐ | Alexis et Céline sont allés au cinéma. | ☐ |

1 **Cyril** [siʀil] *männl. Vorname* – 2 **Elodie** [elodi] *weibl. Vorname* – 3 **un objet** [ɛ̃nɔbʒɛ] ein Gegenstand

## 3 M. Saittout sait tout[1].

→ Lire et écrire

**a** *Lis d'abord le texte. Puis, réponds aux questions.*

Hier soir vers 20 heures, M. Lamaison, architecte, est rentré tard de son bureau. Ses deux grands chiens, un labrador et un dalmatien, ne sont pas venus à sa rencontre[2]. Il a appelé une fois, deux fois, mais rien, pas de chiens! Dans le jardin, il a trouvé les deux niches[3] vides[4]. C'est la catastrophe! On a peut-être volé ses deux chéris! Il a tout de suite appelé la police.
Le commissaire, M. Saittout est arrivé et a commencé son enquête. D'abord, il a demandé: «Qui s'intéresse à vos chiens?» M. Lamaison a indiqué[5] trois noms: M. Vitemain, le voisin[6] de la maison d'à côté, M. Sansappartement, le vagabond de la rue et Mme Aimediscuter, la voisine[7] du numéro 3.
Le commissaire a pris des notes et puis, il est allé interroger les trois suspects[8]. Après, il a fait un rapport:

1. M. Vitemain:
Vers midi, il a regardé un match de foot à la télévision.
L'après-midi, il est allé voir son voisin, M. Lamaison.
Ils ont discuté du match de foot.

2. M. Sansappartement:
Il a passé la journée dans la rue, il n'a rien fait.
Il n'a pas d'alibi. Il a un animal, un hamster.

3. Mme Aimediscuter:
A 10 heures, elle est allée au marché avec sa copine.
Elles ont acheté des légumes et elles ont bavardé[10] avec les vendeurs.
Vers midi, elles ont pris un café. Après, elle a acheté des biscuits pour chiens.

Le vagabond n'a pas d'alibi! Mais est-ce qu'il est le voleur des chiens? Le commissaire réfléchit[9]…
Non, pas possible, le vagabond a un hamster et un hamster a peur des chiens!

1. Quels sont les noms des suspects?

a ______________________ b ______________________ c ______________________

2. Qu'est-ce que c'est un rapport en allemand? ______________________

3. Qui a un alibi? ______________________

4. Pourquoi est-ce que le commissaire pense que le vagabond n'a pas volé les chiens?

______________________________________________

**b** *Lis les phrases et coche si c'est vrai ou faux ou si ce n'est pas dans le texte. Puis, réponds à la question numéro 7.*

| | vrai | faux | pas dans le texte |
|---|---|---|---|
| 1. M. Lamaison a deux labradors. | ☐ | ☐ | ☐ |
| 2. Il n'a pas trouvé les chiens dans leurs niches. | ☐ | ☐ | ☐ |
| 3. M. Vitemain est rentré vers midi. | ☐ | ☐ | ☐ |
| 4. Il est le voisin du numéro 3. | ☐ | ☐ | ☐ |
| 5. M. Sansappartement a vu[10] un monsieur avec des chiens dans la rue. | ☐ | ☐ | ☐ |
| 6. Mme Aimediscuter a acheté des biscuits pour son chien. | ☐ | ☐ | ☐ |

7. Alors, qui est le voleur à ton avis[11] et pourquoi?

______________________________________________

______________________________________________

1 **(il) sait tout** [(il)sɛtu] (er) weiß alles – 2 **être venu(e) à la rencontre de qn** [ɛtʀvənyalʀɑ̃kɔ̃tʀdə] jdm. entgegen gekommen sein – 3 **une niche** [ynniʃ] eine Hundehütte – 4 **vide** [vid] leer – 5 **indiquer qc** [ɛ̃dike] etw. angeben – 6+7 **un voisin/une voisine** [ɛ̃vwazɛ̃/ynvwazin] ein(e) Nachbar(in) – 8 **un suspect** [ɛ̃syspɛ] ein Verdächtiger – 9 **il réfléchit** [ilʀefleʃi] er überlegt – 10 **vu** [vy] gesehen – 11 **à ton avis** [atɔ̃navi] deiner Meinung nach

## 4 Tout est bien qui finit bien[1].

→ Lire et écrire

*Lis d'abord les dialogues. Puis, complète-les avec les verbes au* ***passé composé****. Fais attention à la négation* ***ne … rien*** *et* ***ne … pas encore.***

**1.** Justine ______________________ (passer) ses vacances à Saint-Malo avec sa copine Léa.

Elles ______________________ (aller) à la plage avec Marc, un copain de Saint-Malo.

A midi, Marc ______________________ (demander) aux filles:

«Euh, … J'ai faim. Vous ______________________ (manger) ?»

*Léa:* Non, nous ______________________ (ne pas encore manger),

je ______________________ (ne rien acheter) pour midi.

*Marc:* Eh bien, allons manger quelque chose.

Mais les filles n'ont pas de chance parce qu'on ______________ (voler) le sac de Léa.

D'abord, ils ______________________ (interroger) les jeunes sur la plage. Mais ils

______________________ (ne rien trouver).

Puis, Justine, Léa et Marc ______________________ (chercher) partout[2]. Tout à coup, Marc

______________________ (retrouver) le sac derrière un rocher.

*Léa:* Les voleurs ______________________ (ne pas prendre) mes lunettes de soleil mais ils

______________ (voler) mes papiers[3] et 20 euros.

*Marc:* Ne panique pas! J'ai de l'argent[4] et Justine aussi, non?

Alors, Justine et Marc ______________________ (acheter) des sandwichs et un coca et

ils ______________________ (partager) leur pique-nique avec Léa.

**2.** Après les vacances, les filles ______________________ (raconter) l'histoire[5] à leurs parents.

*La mère de Léa:* Ecoute, Léa, tu ______________________ (avoir) de la chance:

tu ______________________ (ne pas tomber) dans les rochers et vous

______________________ (bien rentrer) à la maison, Justine et toi.

Et pour les papiers, tu ______________________ (aller) au commissariat, j'espère[6].

1 **Tout est bien qui finit bien.** [tutɛbjɛ̃kifinibjɛ̃] Ende gut, alles gut. – 2 **partout** [paʀtu] überall – 3 **les papiers** *(m.)* [lepapje] die (Ausweis-)Papiere – 4 **l'argent** *(m.)* [laʀʒɑ̃] das Geld – 5 **une histoire** [ynistwaʀ] eine Geschichte – 6 **j'espère** [ʒɛspɛʀ] ich hoffe

## 5 Un week-end à Paris

→ Parler

*Pendant un week-end en octobre, tu as visité Paris avec tes parents. Vous avez pris beaucoup de photos. A la maison, tu as fait un album avec tes photos et tu as noté vos activités. En cours de français (im Französischunterricht), tu montres ton album et tu décris ce que vous avez fait (du beschreibst, was ...). Tu as 10 minutes de préparation (Vorbereitungszeit) et 5 minutes pour parler devant la classe. Fais attention à la structure des phrases et aux formes des verbes. (Achte auf den Satzbau und die Verbformen.)*

SAMSTAG, 28. Oktober

morgens:
toller Blick über Paris
Ich habe den Aufzug genommen,
Mama und Papa die Treppen!!
Horror!!

mittags:
Super Armband in
der Samaritaine gekauft!!

abends:
Yassa im quartier Gambetta
gegessen, das schmeckt gut!

SONNTAG, 29. Oktober

morgens:
die 2 Kirchen besichtigt!
Das ist zu viel!!
Juhu, ein Maler von der Place du Tertre hat mein Porträt
gemacht!

abends:
Pommes und Cola, Mom und Dad nur Sandwichs gegessen!

## 6 Trouve les différences[1].

→ Parler

*Tu es à la plage et tu compares (du vergleichst) la plage aujourd'hui et hier. Regarde bien les deux dessins. Il y a des différences entre la situation d'hier et d'aujourd'hui. Trouve 5 différences. Tu as 10 minutes de préparation et 5 minutes pour parler. Fais attention aux temps* ***(présent, passé composé)****.*

**hier**

**aujourd'hui**

1 **une différence** [yndifeʀɑ̃s] ein Unterschied

## 7 Mon frère est blessé[1].

→ Communiquer et écrire

*Tu es allé(e) à Saint-Malo avec ta famille. Malheureusement (Leider), il y a eu un accident sur la plage. Ton frère est blessé. Tes parents ne parlent pas français. Alors, tu téléphones au SAMU* (Notarzt) et tu expliques la situation. Ecris le dialogue en français.*

1. Du meldest dich, sagst deinen Namen und dass ihr am Strand von Saint-Malo bist und dass es einen Verletzten gibt. — *Toi:* ______

2. Der Mann [in der Leitzentrale] fragt dich nach eurem [genauen] Standort und wer der Verletzte ist. — *Le monsieur:* ______

3. Du antwortest, dass ihr euch bei den Felsen [von Saint-Malo] befindet und dass es dein Bruder ist. — *Toi:* ______

4. Der Mann fragt, wo er Schmerzen hat. — *Le monsieur:* ______

5. Du sagst, dass er Schmerzen im Rücken hat. [Dein Vater schaltet sich ein und sagt dir], dass deinem Bruder auch noch das Bein weh tut. — *Toi:* ______

6. Der Mann fragt, ob das Bein gebrochen *(= cassée)*[2] ist. — *Le monsieur:* ______

7. Du sagst, dass du das nicht weißt, dass du aber Angst hast, weil ein Mädchen deinen Bruder gestoßen hat und er auf die Felsen gefallen ist. — *Toi:* ______

8. Der Mann sagt, dass der Arzt *(= le médecin)*[3] sofort da sein wird. Er wird sich dann das Bein und den Rücken anschauen. Der Mann verabschiedet sich. — *Le monsieur:* ______

9. Du bedankst dich und verabschiedest dich auch. — *Toi:* ______

* **le SAMU** (= Service d'Aide Médicale d'Urgence) [ləsamy]
1 **blessé(e)** [blɛse] verletzt – 2 **cassé(e)** *(m., f.)* [kase] – 3 **un médecin** [ɛ̃medsɛ̃]

Name: Klasse: Datum:

## 1 «Shopping-minute»

→ Ecouter

**a** *Le look et la mode, c'est important (wichtig)! Tu trouves aussi? Alors, lis les phrases et écoute bien le CD. Puis, coche les bonnes réponses. Plusieurs (Mehrere) réponses sont possibles (möglich).*

| | | |
|---|---|---|
| 1. «Shopping-minute», c'est … | une émission[1] de radio. | ☐ |
| | une émission de télé. | ☐ |
| | un site Internet. | ☐ |
| 2. Aujourd'hui, Isabelle Martineau … | parle de la nouvelle mode de la saison. | ☐ |
| | parle des bonnes affaires pendant les soldes. | ☐ |
| | donne les adresses des magasins intéressants. | ☐ |
| 3. Pour faire des affaires … | on écoute les trois règles d'or[2]. | ☐ |
| | on fait son shopping avant ou après les soldes. | ☐ |
| | on peut regarder les infos sur Internet. | ☐ |

**b** *Pour être un «pro des soldes» (ein Schnäppchenjäger) qu'est-ce qu'il faut faire (was muss man beachten)? Lis les phrases et écoute le texte encore une fois. Puis, coche les bonnes réponses.*

| | vrai | faux | pas dans le texte |
|---|---|---|---|
| 1. Essayer les vêtements. | ☐ | ☐ | ☐ |
| 2. Prendre son temps. | ☐ | ☐ | ☐ |
| 3. Acheter beaucoup de vêtements. | ☐ | ☐ | ☐ |
| 4. Attendre la fin des soldes pour faire des bonnes affaires. | ☐ | ☐ | ☐ |
| 5. Ne pas toujours acheter des vêtements de marques. | ☐ | ☐ | ☐ |
| 6. Ne pas essayer un nouveau look. | ☐ | ☐ | ☐ |
| 7. Dans les magasins, chercher d'abord une vendeuse. | ☐ | ☐ | ☐ |
| 8. Faire son shopping avec un copain/une copine. | ☐ | ☐ | ☐ |

**c** *Ecoute les règles d'or encore une fois et note-les (notiere sie).*

**Règle nº 1** ____________________

____________________

**Règle nº 2** ____________________

____________________

**Règle nº 3** ____________________

____________________

*Puis, écoute les trois scènes. Aide les personnes à faire le bon choix. (Hilf den Personen, die richtige Wahl zu treffen.) Quelle règle va avec quelle scène? Ecris le numéro de la règle dans la case.*

**Scène 1:** Règle nº ☐ **Scène 2:** Règle nº ☐ **Scène 3:** Règle nº ☐

1 **une émission** [ynemisjõ] eine Sendung – 2 **une règle d'or** [ynʀɛglədɔʀ] eine goldene Regel

## 2 Victimes[1] de la mode △

→ Lire et écrire

**a** *Dans le magazine (Zeitschrift) «JJ, le journal des jeunes», on explique aux jeunes comment trouver un nouveau look. Lis d'abord l'article. Puis, lis les phrases et coche la bonne réponse.*

**Mode – Spécial Look**

### Trouve ton nouveau look: adieu la panique dans les cabines!

Tu as enfin trouvé le jean de tes rêves, ce pantalon à 150 € qui va parfaitement à ta star préférée! Mais là, big problème devant la glace de la cabine: sur toi, ce pantalon, c'est la cata! Et tu as économisé[2] trois mois pour ça! Alors, deux possibilités: tu achètes ce jean (tu ne vas pas le porter!) ou tu acceptes la triste vérité (mais là, les 150 € restent dans ton portefeuille). Alors que faire? Facile! Pour trouver ton look et acheter les vêtements qui te vont vraiment, voilà nos conseils[3]:

**1 Etre réaliste:** Non, tu n'es pas Jennifer Nopez! Non, tu ne ressembles[4] pas à Ben Affekt! Et c'est comme ça! Accepte ton corps et ta silhouette, même si ce n'est pas facile quand on est ado[5]!

**2 Si tu es petit(e)**, n'achète pas de pantalons très larges ou trop grands! Les garçons, oubliez le look XXL et les T-shirts hyper longs!

**3 Si tu as deux ou trois kilos en trop**, pas de vêtements trop petits, pas de mini T-shirts ou de minijupes!

**4 Cache[6] tes petits défauts[7]:** combine par exemple un pantalon noir pour une fille (c'est toujours classe et ça fait une super silhouette) ou un jean classique pour un garçon, avec des T-shirts rouges ou verts: ce sont les couleurs à la mode en ce moment! Trouve les couleurs et les formes qui te vont vraiment.

**5 Marre des marques!** Les vêtements cool ne s'appellent pas seulement Niki, Dadidas ou Miss Eighty! D'abord, ces fringues[8] sont vraiment très (trop) chères: pour un pull Dadidas, tu peux trouver cinq ou six T-shirts sympas dans un autre magasin. La mode change si vite!

**6 L'uniforme, ce n'est pas marrant!** Dans ta classe, les filles ont le même look et les garçons portent les mêmes fringues. C'est l'horreur, non! Essaye d'être différent(e), combine les styles et les couleurs pour trouver *ton* look! Avec un peu de chance et de talent, tu vas trouver LE look d'enfer!

| | oui | non |
|---|---|---|
| 1. On a souvent des problèmes avec sa silhouette quand on est ado. | ☐ | ☐ |
| 2. Quand on n'est pas très grand(e), on achète un jean large. | ☐ | ☐ |
| 3. On peut cacher un petit défaut avec un pantalon blanc et un T-shirt jaune. | ☐ | ☐ |
| 4. Pour trouver son look, on ne porte pas toujours les mêmes vêtements que les copains/copines. | ☐ | ☐ |

**b** *Lis l'article encore une fois. Puis, réponds aux questions. Trouve des réponses pour les phrases n° 4 à 7.*

1. Quelles (Welche) couleurs sont à la mode en ce moment? ____________________

2. Qu'est-ce que tu peux faire pour trouver ton look? (2 possibilités [Möglichkeiten]) ____________________

____________________ ____________________

3. Un T-shirt hyper long, c'est la taille … ____________ .

4. Trouve dans le texte des synonymes (Entsprechungen) pour:

«accepter la vérité» ____________________ , «C'est la cata!» ____________________

5. Trouve en anglais (auf Englisch) l'expression pour: «oubliez le look» ____________________

6. Trouve en allemand les deux sens (Bedeutungen) du mot «classe».

____________________ ____________________

7. Ecris cette phrase en français familier (Umgangssprache). Utilise des mots du texte.

«Les jeunes aiment les beaux vêtements.» ____________________

1 **une victime** [ynviktim] ein Opfer – 2 **économiser** [ekɔnɔmize] sparen – 3 **un conseil** [ɛ̃kõsej] ein Rat – 4 **ressembler à qn** [ʀəsɑ̃ble] jdm. ähneln – 5 **un ado** *(fam.)* [ɛ̃nado] ein Teenager *(ugs.)* – 6 **cacher qc** [kaʃe] etw. verstecken – 7 **un défaut** [ɛ̃defo] ein Makel – 8 **les fringues** *(fam., f.)* [lefʀɛ̃g] die Klamotten *(ugs.)*

## 3 Madame Dufour a de la chance!

→ Lire et écrire

*Madame Dufour s'est mariée (hat geheiratet). Ses deux voisines bavardent beaucoup et sont très curieuses (sind sehr geschwätzig und neugierig) … Lis ce qu'elles disent (was sie sagen). Puis, complète le dialogue avec des déterminants démonstratifs* **ce, cet, cette, ces**. *Remplis aussi les trous (fülle die Lücken) avec la forme correcte de l'adjectif.*

| | |
|---|---|
| **1. nouveau, grand, blanc** | **1.** *Mme Potin:* ____ après-midi, je suis allée chez Mme Dufour. J'ai visité sa ____ maison. C'est une ____ maison ____. |
| **3. beau, rouge, nouveau** | **2.** *Mme Ragot:* Racontez! **3.** *Mme Potin:* J'ai aussi vu sa ____ chambre ____ et elle m'a montré ses ____ |
| **5. nouveau, bleu, beau, blanc, beau, vert**  | vêtements. **4.** *Mme Ragot:* Et alors? **5.** *Mme Potin:* Ecoutez ça, ____ semaine, elle a acheté des ____ chaussures ____ chez Christian Zior, trois ____ jupes ____ chez Yves Saint Marrant et deux ____ sacs ____ chez |
| **6. nouveau, intéressant** | Golde & Bandana! **6.** *Mme Ragot:* Non? Ça alors! Est-ce que vous avez vu son ____ mari[1] ? Il est ____? |
| **7. beau, petit, jaune, gris, génial, noir, rouge** | **7.** *Mme Potin:* Euh, … ben …, il n'est pas très ____ … Il a des ____ dents[2] ____ et une barbe[3] ____ … Mais il a des voitures ____, une Porsche ____ et une Ferrari ____! |
| **8. beau, petit, moche, rouge, grave** | **8.** *Mme Ragot:* Ah, j'adore ____ ____ voitures! Un ____ mari ____ dans une Ferrari ____, |
| **9. nouveau, beau, grand** | ce n'est pas ____! **9.** *Mme Potin:* Ah oui! Imaginez, ____ matin, il est allé à Nice[4] et il a acheté un ____ appartement dans un ____ quartier à côté des ____ magasins! |
| **10. cher, idiot** | **10.** *Mme Ragot:* Ah bon …? Mais la vie[5] est ____ à Nice et |
| **11. sympa** | toujours ____ touristes ____ … **11.** *Mme Potin:* Oui, mais bon, ben … Elle a de la chance, ____ Mme Dufour, avec son mari, non? Et elle est aussi très ____! **12.** *Mme Potin:* Ah oui, …! Ecoutez, elle nous invite |
| **13. fantastique** | à Nice bientôt! **13.** *Mme Ragot:* Je trouve ça ____! Alors, je vais déjà faire ma valise[6] ____ soir! |

1 **un mari** [ɛ̃maʀi] ein Ehemann – 2 **une dent** [yndɑ̃] ein Zahn – 3 **une barbe** [ynbaʀb] ein Bart – 4 **Nice** [nis] Nizza *Stadt in Südfrankreich* – 5 **la vie** [lavi] das Leben – 6 **faire la valise** [fɛʀlavaliz] den Koffer packen

## 4 Max n'aime pas le look classique[1].

→ Lire et écrire

*Regarde le dessin, puis lis le texte. Complète le dialogue avec les négations* ***ne ... pas, ne ... plus, ne ... pas encore*** *et* ***ne ... rien****. Remplis aussi les trous (Fülle die Lücken) avec la forme correcte du verbe* ***voir****.*

Max et sa copine Lola sont déjà depuis[2] trois heures en ville. Max en a marre, il ______ a __________ envie.

Lola cherche une nouvelle jupe mais elle ______ a __________ trouvé dans les magasins «in».

Tout à coup, elle __________ une jupe géniale dans la vitrine[3] d'un grand magasin.

*Lola:* Max, regarde, tu __________ ça? Cette minijupe à carreaux[4] avec un pull jaune.

*Max:* Non, euh, je ______ __________ __________. Elle est où?

*Lola:* Mais là, sur le mannequin[5]!

*Max:* Ouais, pas mal ... Mais est-ce que tu __________ ce jean? Moi, je préfère ça!

*Lola:* Beurk! C'est nul! Tu ______ as __________ compris mon look!

*Max:* Ce ______ est __________ vrai! Mais tu peux changer de[6] look, non? Je ______ comprends __________

pourquoi tes copines ______ __________ ______ que le look classique ______ est

__________ pour toi! Elles peuvent te conseiller[7], non?

*Lola:* Pff! Je __________ seulement[8] que *ton* look est trop «punk»! Et ça ______ *me* plaît __________!

Alors, on entre dans le magasin? Je vais essayer cette jupe.

*Max:* Moi, je reste ici!

Lola entre dans le magasin et trouve une vendeuse.

*Lola:* Bonjour, madame. Vous __________ les vêtements dans cette vitrine?

Est-ce que vous avez encore la jupe en 36?

*Vendeuse:* Euh, non, nous ______ avons __________ cette jupe dans votre taille. Mais vous pouvez essayer

ce jean si vous voulez.

1 **classique** [klasik] klassisch – 2 **depuis** [dəpɥi] seit – 3 **une vitrine** [ynvitʀin] ein Schaufenster – 4 **à carreaux** [akaʀo] kariert – 5 **un mannequin** [ɛ̃mankɛ̃] *hier:* eine Schaufensterpuppe – 6 **changer qc** [ʃɑ̃ʒe] etw. ändern – 7 **conseiller qn** [kõseje] jdn. beraten – 8 **seulement** [sœlmɑ̃] nur

 Name: Klasse: Datum:

## 5 Parlons mode.

→ Parler

**a** *Choisis un(e) élève de ta classe. Décris ses vêtements et leurs couleurs. (Beschreibe seine/ihre Kleidung). Tu peux prendre des notes (5 minutes).*

**b** *Travaillez à deux. Regardez les dessins et choisissez une de ces quatre scènes. Imaginez un dialogue entre la mère et son fils/sa fille. Vous avez 5 minutes pour prendre des notes. Puis, jouez votre dialogue devant la classe. Faites attention à votre prononciation et à vos gestes. (Achtet auf eure Aussprache und eure Gestik.)*

① le «skater» ② le «rasta man» ③ la «fashion victime» ④ la rebelle

## 6 Cent euros pour faire du shopping.

→ Parler

*Tu vas faire du shopping à la fin des soldes. Tu as 100 euros. Dans le magasin, un vendeur/une vendeuse te conseille (berät dich). Travaillez à deux. Imaginez le dialogue dans le magasin. Vous avez 10 minutes pour prendre des notes. Puis, jouez votre dialogue devant la classe.*

## 7 Le nouveau dans la classe parallèle[1]

→ Communiquer et écrire

*Dans ta classe parallèle, il y a un nouveau. Il est souvent seul pendant les récréations. (Während der Pausen ist er meistens allein.) Il ne parle pas encore bien l'allemand. Alors, tu décides d'aller lui parler. (Du sprichst ihn an.) Ecris le dialogue en français.*

1. Du begrüßt den Jungen, nennst deinen Namen und fragst ihn, ob er der neue Schüler der Klasse 8 B ist.

   *Toi:* ______________________________

   ______________________________

2. Der Junge bejaht und sagt, dass er David heißt und aus Toulouse kommt [= ist]. Sein Vater hat in Berlin eine neue Arbeit *(= un travail)*[2] gefunden. Also haben sie Frankreich verlassen. Er findet das [alles] nicht witzig.

   *David:* ______________________________

   ______________________________

   ______________________________

   ______________________________

   ______________________________

3. Du fragst nach dem Grund und möchtest wissen, ob er [denn] Berlin nicht mag.

   *Toi:* ______________________________

   ______________________________

4. David antwortet, dass er diese großen Straßen und die genervten Leute *(= les gens)*[3] überhaupt nicht mag. Er sucht auch neue Freunde hier im *Collège*, aber das ist nicht [so] einfach. Diese Schule ist wirklich sehr groß. Und da ist noch dieses Problem mit der deutschen Sprache ...

   *David:* ______________________________

   ______________________________

   ______________________________

   ______________________________

   ______________________________

   ______________________________

5. Du verstehst ihn und schlägst vor, ihm deine Freunde vorzustellen *(= présenter)*[4], wenn er einverstanden ist. Du fügst hinzu, dass sie sehr nett sind. Heute Abend macht ihr eine kleine Fete bei deiner Freundin Eva. Du lädst David ein.

   *Toi:* ______________________________

   ______________________________

   ______________________________

   ______________________________

   ______________________________

6. David findet das sehr nett und bedankt sich. Dann fragt er interessiert nach, ob Eva nicht dieses tolle Mädchen mit dem Wahnsinnslook ist.

   *David:* ______________________________

   ______________________________

   ______________________________

7. Du bejahst und sagst, dass sie auch sehr witzig ist. Du versicherst David, dass er [spätestens ab] heute Abend Berlin mögen wird. Er wird [schon] sehen!

   *Toi:* ______________________________

   ______________________________

   ______________________________

1 **une classe parallèle** [ynklasparalɛl] eine Parallelklasse – **2 un travail** [ɛ̃travaj] – **3 les gens** *(m., pl.)* [leʒɑ̃] – **4 présenter qn à qn** [prezɑ̃te]

## 1 Chagrin d'amour[1]

→ Lire et écrire

*Pierre est déprimé, Léa ne l'aime plus (liebt ihn nicht mehr)! Ses copains veulent l'aider à oublier Léa (wollen ihm helfen, Léa zu vergessen). Complète le texte avec les formes correctes des verbes* ***pouvoir*** *et* ***vouloir*** *et avec les déterminants possessifs* ***ce/cet/cette/ces***.

**1.** *Luc:* Pierre, si tu ______, nous ______ aller à la plage. ______ après-midi, il y a un match de volley et une course[2] de canoë. **2.** *Pierre:* Non, je ne ______ pas. ______ sports ne m'intéressent pas. Mais vous ______ aller à la plage si vous ______. Je reste ici.

**3.** *Luc et Simon:* Mais non! Nous ne ______ pas aller à la plage sans toi[3]!

**4.** *Pierre:* Mais je ______ rester à la maison, ce n'est pas grave. **5.** *Simon:* Ecoute, Isa et Sophie ______ aller au cinéma ______ soir! Tu as envie?

**6.** Mais Pierre ne ______ pas, il ne ______ pas oublier[4] Léa, ______ fille fantastique. Les chagrins d'amour, c'est comme ça! ______ fois, les copains ne ______ rien faire!

## 2 Et ma fête alors?

→ Écrire

*Ce samedi, Marc a organisé une fête mais beaucoup de ses copains ne sont pas venus (gekommen). Il ne comprend pas et veut des explications (Erklärungen). Regarde les dessins et note ce que (was) les copains répondent (antworten) à la question de Marc: «Qu'est-ce que tu as/vous avez fait ce samedi?»*

1. *Lucie:* ______

2. *Isabelle et Malika:* ______

3. *Simon:* ______

4. *Paul et Abdel:* ______

1 **le chagrin d'amour** [ləʃagʀɛ̃damuʀ] der Liebeskummer – 2 **une course** [ynkuʀs] ein Rennen – 3 **sans toi** [sɑ̃twa] ohne dich – 4 **oublier qn** [ublije] jdn. vergessen

## 3 Rébus[1]

→ Écrire

**a** *Quelle (Welche) couleur correspond (passt) au dessin? Note la couleur à la forme masculine du singulier.*

①  ②  ③  ④ 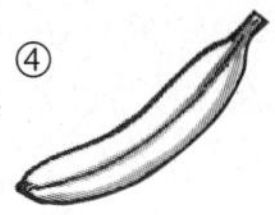 ⑤  ⑥  ⑦ 

______ ______ ______ ______ ______ ______ ______

**b** *Au camping, chacun (jeder) regarde ses voisins (Nachbarn) et fait des commentaires (Kommentare) pas toujours très sympas. Regarde la scène, puis les symboles. Ecris les dialogues entre Nicolas et Jérôme et entre Léa, sa sœur Elise et sa copine Morgane sur une feuille de papier (Blatt Papier). Remplace les symboles par la forme correcte des adjectifs et du verbe* ***voir****. Fais aussi attention à la place correcte de l'adjectif.*

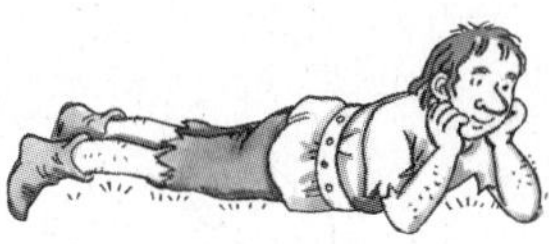 = grand  = petit

 = voir  = beau  = moche

 les 3  devant la  

1. – Jérôme, tu …?

..................................................................................................

1  Elise porte 1  et Morgane 1  

2. Léa porte …

..................................................................................................

 les 2  devant la 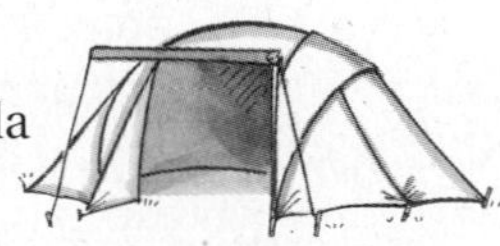 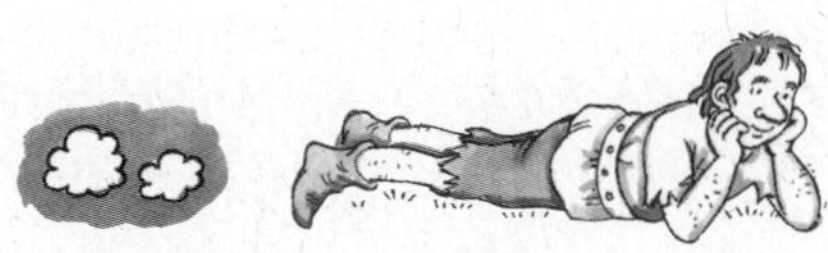

3. – Elise et Morgane, vous …?

..................................................................................................

1  et 1  Il a  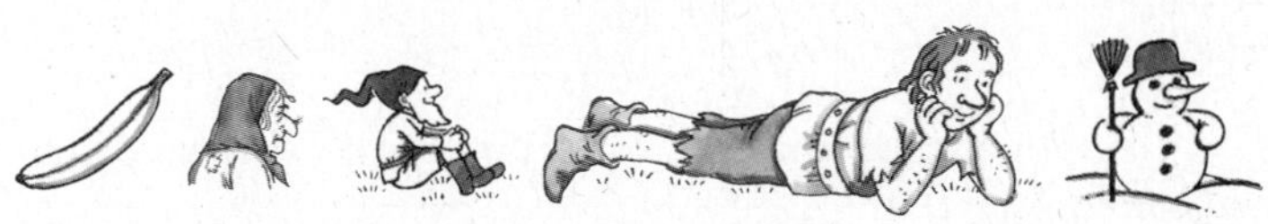

4. Nicolas porte …

..................................................................................................

avec ses  et et son  

5. Jérôme est …

1 **un rébus** [ɛ̃ʀebys] ein Bilderrätsel

## 4 Les vacances, c'est le stress[1]! △

→ Écrire

*Le grand jour est arrivé: la famille Sabot part en vacances (fährt in Ferien). Mais cela n'est pas si facile (einfach). Regarde bien les dessins: Où est-ce que les Sabot sont allés? Qu'est-ce que les Sabot ont fait le matin? Qu'est-ce qu'ils ont fait après? Qu'est-ce que le petit chien a fait? Décris les dessins et raconte l'histoire au* ***passé composé****. Utilise au moins (mindestens) une fois les verbes suivants (folgende Verben). Imagine la fin (Schluss) de l'histoire. Ecris environ (ungefähr) 110 mots sur une feuille de papier (Blatt Papier).*

**sonner** | **monter** | **rester** | **aller** | **tomber** | **arriver** | **nager** | **faire** | **mettre** | **installer**

*Tu peux structurer ton texte ainsi (... so gliedern):*

① Ce matin, ... ② Après, ... ③ Puis, ...

Fin de l'histoire: Alors, ...

## 5 Genres[2] △

→ Écrire

*Regarde bien les mots et leurs suffixes (Endungen). Ecris les mots avec les adjectifs indiqués (angegebenen). Fais attention à l'accord (Angleichung) et à la place de l'adjectif. Puis, note le genre (m. ou f.) et trouve un mot avec le même suffixe.*

| | | **genre** | |
|---|---|---|---|
| 1. sta**tion**/ grand | | | |
| 2. ate**lier**/ nouveau | | | |
| 3. can**tine**/ bon | | | |
| 4. cad**eau**/ super | | | |
| 5. chauss**ure**/ petit | | | |
| 6. casqu**ette**/ moche | | | |

1 **le stress** [ləstʀɛs] der Stress – 2 **un genre** [ɛ̃ʒɑ̃ʀ(ə)] ein grammatisches Geschlecht

## 6 Aïe!

→ Parler

*Regardez ces jeunes dans leur chambre d'hôpital. Ils n'ont pas eu de chance! Travaillez à deux. Choisissez un rôle. Tu veux savoir ce qui est arrivé à ton/ta partenaire (was deinem/deiner Partner/-in passiert ist). Lui/Elle aussi te pose des questions (Er/Sie stellt dir auch Fragen). Préparez un dialogue. Vous avez 10 minutes de préparation et 5 à 10 minutes pour dialoguer (um zu sprechen).*

## 7 Au commissariat

→ Parler

*Au camping de Saint-Malo, tu as surpris (erwischt) un voleur. Tu vas vite au commissariat pour raconter ce que (was) tu as vu. Observe (Beobachte) bien la scène. Puis, explique tout (alles) au commissaire. Donne le plus de détails possibles. (Gib möglichst viele Details an.) Tu as 10 minutes de préparation et 5 à 10 minutes pour parler devant la classe.*

## 8 Chez les Bouvet △

→ Communiquer et écrire

*Tu es chez ta corres dans sa chambre. C'est le soir, tu es devant l'ordinateur, ta corres écoute un nouveau CD. Ecris le dialogue. Utilise les* ***pronoms objets****.*

1. *Mère:* Les enfants[1], où est-ce que vous êtes? Il est déjà 19 heures, on va manger!
2. [Deine Corres hat gerade Kopfhörer auf, daher hört sie nichts.] Du sagst ihr, dass ihre Mutter euch ruft.

*Toi:* ____________________

3. Deine Corres meint, dass es sie nervt, [außerdem] hat sie noch keinen Hunger.

*Corres:* ____________________

4. Die Mutter [kommt ins Zimmer herein und] fragt ärgerlich, ob deine Corres sie [eigentlich] nicht hört. Sie wiederholt, dass es schon 19 Uhr ist und dass sie euch in der Küche erwartet.

*Mère:* ____________________

____________________

5. Du sagst, dass du ihr gleich hilfst. Du wirst den Tisch decken.

*Toi:* ____________________

6. Die Mutter findet das sehr nett und bedankt sich. Dann fügt sie hinzu, dass sie dir das Geschirr *(= la vaisselle)*[2] zeigt.

*Mère:* ____________________

7. [Beim Essen] fragt dich die Mutter, wann [genau] du abreist [= wann du die Bouvets verlässt] und stellt verwundert fest, dass es schon am Sonntag ist ... Sie schlägt [deshalb] vor, euch morgen ins Kino einzuladen. Es gibt diesen neuen Film mit Tom Cruise. Sie fragt nach, ob er euch interessiert.

*Mère:* ____________________

____________________

____________________

1 **un/une enfant** [ɛ̃/ynɑ̃fɑ̃] ein Kind – 2 **la vaisselle** [lavɛsɛl]

## 9 Rémi est un frimeur[1]!

→ Communiquer et écrire

*Rémi est un vrai frimeur et ses copains en ont marre. Ce matin, au collège, ils veulent lui donner une petite leçon (ihm eine kleine Lektion erteilen). Ecris le dialogue en français.*

1. Rémi kommt an, begrüßt seine Freunde. Er erzählt, dass ihm seine Mutter am Wochenende einen neuen Anorak gekauft hat. Er fragt seine Freunde, ob er ihnen gefällt. Wenn sie möchten, zeigt er ihnen auch seine neuen CDs von „IAM"[2].

   *Rémi:* __________

2. Céline antwortet, dass seine CDs sie und Marc nicht interessieren. „IAM" ist doch nicht mehr „in". Sie hören [nur noch] „113"[3]. Ob Rémi deren [= ihre] neue CD noch nicht gehört hat, fragt sie anschließend erstaunt.

   *Céline:* __________

3. Marc meint, dass ihm Rémis neuer Anorak nicht gefällt. Er findet diese Farbe scheußlich.

   *Marc:* __________

4. Rémi versteht Marc nicht mehr. Er erinnert ihn daran, dass er die Dadidas Klamotten [doch] sehr mag.

   *Rémi:* __________

5. Céline gibt Marc Recht. Sie werden Rémi die neue Mode erklären. Man trägt keine teuren Klamotten und man hört keine Rap-CDs mehr.

   *Céline:* __________

6. Der arme Rémi sagt, dass er [überhaupt] nichts [mehr] versteht. Er zeigt ihnen auch seine neuen Schuhe. Sie sind sehr schön, fügt er hinzu.

   *Rémi:* __________

7. [Doch] Marc und die anderen [= sie] wollen nichts sehen. Ob Rémi noch nicht verstanden hat, fragt Marc anschließend. Er würde sie nerven.

   *Marc:* __________

8. Sophie versichert Rémi, dass sie ihn [zwar] gerne haben, dass er aber ein Angeber ist. Und das ist nicht witzig.

   *Sophie:* __________

*Qu'est-ce que Rémi pourrait répondre? (Was könnte Rémi antworten?)*

*Rémi:* __________

1 **un frimeur** *(fam.)* [ɛ̃fʀimœʀ] ein Angeber *(ugs.)* – **2+3 IAM/113** [ijam/sɑ̃tʀɛz] *frz. Musikgruppen*

Name: Klasse: Datum:

# AUTO-ÉVALUATION I

*Französisch ist zwar eine Fremdsprache, aber für dich wohl keine fremde Sprache mehr, oder? Mit diesem Bogen kannst du deine erweiterten und neuen Fertigkeiten einschätzen, um deinen Leistungsstand zu prüfen. Wenn du feststellst, dass du in einem Bereich etwas noch nicht so gut kannst, hilft er dir, dein Lernen zielgerichtet einzusetzten.*

*Trage in der Spalte* **moi** *ein* **+** *ein, wenn du es einigermaßen kannst, zwei* **++** *, wenn du es gut kannst. In der Spalte* **autre** *kann eine andere Person eintragen, wie sie dein Können einschätzt. Schreibe unten auf, wie du vorgehen möchtest, um dich zu verbessern und besprich es mit deinem/deiner Lehrer/in.*

| | moi | autre |
|---|---|---|
| **Ecouter** | | |
| **Ich kann ...** | | |
| • kurze Gespräche des französischen Alltags im Zusammenhang verstehen und wichtige Informationen daraus entnehmen, wenn nicht zu schnell gesprochen wird. | | |
| • Details verstehen, wenn die Situation mir vertraut ist (z.B. Fragen zum Text beantworten und meine Antworten mit Textauszügen belegen). | | |
| • unbekannte Wörter im Textzusammenhang verstehen, wenn sie einfach zu erschließen sind (z.B. mithilfe anderer Sprachen). | | |
| • die Bedeutung von ähnlich klingenden Wörtern in Äußerungen unterscheiden (z.B. Ce n'est pas vrai, Léa!/Ce n'est pas fait, Léa!). | | |
| **Lire** | | |
| **Ich kann ...** | | |
| • Arbeitsanweisungen und den Zusammenhang eines (einfachen) Textes verstehen (Fragen zum Text beantworten und meine Antworten mit Textauszügen belegen). | | |
| • Details und Informationen aus (authentischen) Texten mit meist bekanntem Vokabular entnehmen *(vrai/faux/pas dans le texte).* | | |
| • unbekannte Wörter im Textzusammenhang verstehen, wenn sie (mithilfe anderer Sprachen) einfach zu erschließen sind (die Wörter auf Französisch erklären, oder sie ins Deutsche übersetzen). | | |
| • Synonyme oder Gegenteile von (erschließbaren) Wörtern in einem unbekannten Text finden. | | |
| **Communiquer et écrire** | | |
| **Ich kann ...** | | |
| • kurze Szenen beschreiben, wenn mir das Thema bekannt ist und wenn ich dazu eine Bildvorlage vorliegen habe (Bereich Ferien/Camping). | | |
| • einen einfachen Text gliedern und selbstständig verfassen, wenn ich eine Bildvorlage und Stichworte/Fragen vorliegen habe (Beschreibung eines Tagesablaufs in den Ferien). | | |
| • einen Dialog ins Französische übertragen. | | |
| • einen Lückentext grammatisch korrekt ergänzen (regelmäßige und unregelmäßige Verben im Präsens und *passé composé*, Adjektive, direkte Objektpronomen, Demonstrativbegleiter, Verneinungen), wenn mir das meiste Vokabular des Lückentextes bekannt ist. | | |
| **Parler** | | |
| **Ich kann ...** | | |
| • in einfacher Form mich vorstellen (Vorlieben/Abneigungen, Aktivitäten, Familie, Hobbys ...). | | |
| • nach kurzer Vorbereitungszeit in einfacher Form zusammenhängend über meine (Sport-)Aktivitäten, Freunde sprechen. Ich gehe dabei von einer vorgegebenen Situation und einer Bildvorlage aus. | | |
| • in einfacher, kurzer Form etwas beschreiben/Vorhaben ausdrücken (Ferien, Kurzurlaub in Paris, Strandszene, Klassenkamerad/-in). Ich gehe dabei von einer vorgegebenen Situation und einer Bildvorlage aus. | | |
| • Gefühle und meine Meinung zu einem Thema in einfacher Form zum Ausdruck bringen (Albumeinträge/Fotos, Mode, Shopping). | | |
| • nach kurzer Vorbereitungszeit eine Rolle übernehmen und mit einem Partner/einer Partnerin Dialoge erarbeiten. Ich gehe dabei von einer vorgegebenen Situation und einer Bildvorlage aus. | | |
| • Informationen in Alltagssituationen von meinem Gesprächspartner erfragen bzw. mit ihm austauschen. | | |

 Name: Klasse: Datum:

## 1 Adrien en a marre.

→ Ecouter et écrire

**a** *Après les cours de l'après-midi, Adrien rentre à la maison. Sa mère et sa sœur Julie ne sont pas là. Il y a trois messages sur le répondeur. Lis les phrases, puis écoute deux fois les messages. Coche la bonne réponse.*

**message n° 1**

| | | |
|---|---|---|
| 1. Qui a téléphoné? | la mamie d'Adrien | ☐ |
| | la prof d'Adrien | ☐ |
| | la mère d'Adrien | ☐ |
| 2. Pourquoi est-ce qu'elle a téléphoné? | Adrien et Julie doivent faire une omelette. | ☐ |
| | Adrien et Julie doivent faire les courses. | ☐ |
| | Elle va faire les courses après le travail. | ☐ |

**message n° 2**

| | | |
|---|---|---|
| 1. Julie a téléphoné d'où? | du club de danse | ☐ |
| | du collège | ☐ |
| | de chez Morgane | ☐ |
| 2. Pourquoi est-ce qu'elle a téléphoné? | Elle a oublié «Lolie», son magazine préféré[1]. | ☐ |
| | Elle a oublié ses devoirs d'allemand. | ☐ |
| | Elle a oublié son argent. | ☐ |

**message n° 3**

| | | |
|---|---|---|
| 1. Ils vont faire le brunch où? | chez Vincent | ☐ |
| | chez Stéphanie | ☐ |
| | au club de roller | ☐ |
| 2. Quand est-ce que Vincent a téléphoné? | vers 6 heures | ☐ |
| | à midi | ☐ |
| | à 17 h 10 | ☐ |

**b** *Ecoute les trois messages encore une fois. Qu'est-ce qu'Adrien doit acheter? Fais la liste des courses.*

**c** *Adrien est énervé. Ecoute ses trois commentaires. Quel commentaire va avec quel message? Ecris le numéro du message dans la case.*

**commentaire 1:** message n° ☐ **commentaire 2:** message n° ☐ **commentaire 3:** message n° ☐

1 **un magazine préféré** [ɛ̃magazinpʀefeʀe] eine Lieblingszeitschrift

## 2 Frères et sœurs – l'amour[1] ou la guerre[2] △

→ Lire

*La rédaction du magazine (Zeitschrift) «Okapi» a fait une enquête. Elle a demandé aux jeunes: «Chez vous, entre frères et sœurs – c'est l'amour ou la guerre?» Lis les lettres des lecteurs (Leser).*

① «J'adore mon frère et mes deux sœurs. Ils sont gentils et on s'entend[3] très bien. Bien sûr, il y a aussi des disputes – souvent pour rien! Je déteste ça … et ma mère encore plus!» **Aurélie**

② «J'ai une sœur jumelle[4]. Ce n'est pas toujours marrant! Elle ne range jamais[5] notre chambre. Mais ma mère nous critique toujours toutes les deux! Ça provoque des disputes. Mais quand je vois les frères de mes copains, je trouve que j'ai de la chance!» **Marielle**

③ «Je n'ai pas de sœur mais j'ai trois frères. On est comme chien et chat. Moi, je suis le chat et eux, ce sont les chiens! Ça commence déjà le matin pendant le petit-déjeuner. Chez moi, c'est la guerre et pas l'amour!» **Sophie**

④ «Moi, j'ai un grand frère et une petite sœur. Mon frère est super sympa et on rigole beaucoup. Mais ma sœur est une peste, elle essaye toujours mes nouvelles fringues[6], je déteste ça! Moi, c'est l'amour avec mon frère et la guerre avec ma sœur.» **Léa**

⑤ «Je n'ai pas de frères et sœurs. Je suis fille unique. Quand je rentre du collège, je peux faire mes devoirs dans le calme. Mais le week-end, je m'ennuie[7] souvent.» **Délia**

⑥ «J'ai deux sœurs. Ce n'est pas facile, car la petite, c'est la «princesse» de mes parents! Quand elle crie[8], c'est toujours de *ma* faute! Une vraie peste! La grande, elle, elle me bat[9] pour un oui ou pour un non. Alors, c'est la guerre avec les deux!» **Valérie**

⑦ «C'est vrai, il y a des disputes. Mais je n'imagine pas de n'avoir personne[10] à embêter[11] le soir! Chez nous, entre frères et sœurs, c'est des petites guerres pour un Grand Amour.» **Anonyme**

**a** *Quel titre va avec quelle lettre? Note le numéro (①, ② …) de la lettre dans la case.*

| Titres | Lettre n° |
|---|---|
| 1. Trois chiens et un chat au petit-déjeuner! | ☐ |
| 2. Mes sœurs sont des pestes! | ☐ |
| 3. Maman n'aime pas nos disputes! | ☐ |
| 4. Des disputes mais aussi beaucoup d'amour! | ☐ |
| 5. Sans frères et sœurs, ce n'est pas marrant le week-end! | ☐ |
| 6. Mon frère? Super! Ma sœur? L'horreur! | ☐ |
| 7. Les frères, c'est la cata, je préfère ma sœur! | ☐ |

**b** *Lis les phrases. Puis, coche la bonne réponse.*

| | vrai | faux | pas dans le texte |
|---|---|---|---|
| 1. Aurélie déteste les disputes avec sa mère. | ☐ | ☐ | ☐ |
| 2. Marielle rigole souvent avec sa sœur jumelle. | ☐ | ☐ | ☐ |
| 3. Sophie et ses frères sont comme chien et chat. | ☐ | ☐ | ☐ |
| 4. Léa aime son frère mais sa sœur est une peste. | ☐ | ☐ | ☐ |
| 5. Délia aimerait avoir (hätte gerne) des frères et sœurs. | ☐ | ☐ | ☐ |
| 6. Chez Valérie, il y a une ambiance d'enfer. | ☐ | ☐ | ☐ |
| 7. La personne anonyme aime toujours embêter ses frères et sœurs. | ☐ | ☐ | ☐ |

**c** *Explique les deux expressions (Ausdrücke).*

1. être fille unique ______________________________

2. être comme chien et chat ______________________________

1 **l'amour** *(m)* [lamuʀ] die Liebe – **2 la guerre** [lagɛʀ] der Krieg – **3 s'entendre** [sɑ̃tɑ̃dʀ] sich verstehen – **4 une (sœur) jumelle** [yn(sœʀ)ʒymɛl] eine Zwillingsschwester – **5 ne … jamais** [nə…ʒamɛ] nie(mals) – **6 les fringues** *(fam.)* [lefʀɛ̃g] die Klamotten *(ugs.)* – **7 s'ennuyer** [sɑ̃nɥije] sich langweilen – **8 crier** [kʀije] schreien – **9 … me bat** [məba] … schlägt mich – **10 ne … personne** [nə…pɛʀsɔn] niemand – **11 embêter qn** [ɑ̃bɛte] jdn. ärgern

## 3 Ils ont menti?

→ Lire et écrire

*Lis le texte, puis complète-le avec les formes correctes des verbes **sortir, partir, dormir** et **mentir**.*

**1.** Le jeudi, Fabienne et ses frères Luc et Arthur __________ au collège à 7h30. Leur mère __________ déjà p__________ à 7 heures. Alors, Fabienne va dans la chambre de ses frères. Ils ne __________ pas s__________ de leurs lits, ils d__________ encore. *Fabienne:* Il est déjà 7h00. S__________ de vos lits. *Luc:* Déjà? Euh, Fabienne, … notre prof est malade, j'ai cours à 10 heures … *Fabienne:* Ça alors, tu m__________ comme toujours! … Et toi, Arthur, tu p__________ avec moi? *Arthur:* Euh, … non, je n' __________ pas bien d__________, alors, je ne vais pas aller au cours de 8h00. *Luc:* Tu vois, Fabienne, *il* m__________, pas moi! Arthur a rendez-vous avec Noémie devant la station de bus!

**2.** C'est le soir, Fabienne s__________ de sa chambre. Elle porte son nouveau jean. *Mère:* Pourquoi est-ce que tu as mis ton nouveau jean? Il est déjà tard. Tu ne vas pas d__________? *Fabienne:* Non, je s__________ avec Paul ce soir. *Mère:* Comment? Tu s__________ toujours avec Paul? *Fabienne:* Mais non, maman, nous ne s__________ plus ensemble … Nous voulons seulement aller au cinéma … *Mère:* Ah bon? Tu ne m__________ pas? *Fabienne:* Mais non! *Mère:* Bon. … Ce week-end, nous p__________ à Berlin, ton père et moi. Alors, tu peux inviter tes copines, si tu veux, elles peuvent d__________ ici. *Fabienne:* Bon, ben, je ne sais pas…, elles d__________ jusqu'à[1] midi, c'est nul! *Mère:* Bon, alors, tu vas voir …

## 4 Tu es ce que[2] tu manges.

→ Lire et écrire

*Lis les deux textes, puis complète-les avec **de, d', du, de la, de l', des,** ou **un/une**.*

**1.** Si tu ne veux pas grossir[3], prends un verre __________ eau le matin. Mets __________ lait dans ton thé mais pas trop! Le midi, mange __________ légumes et prends __________ poulet et __________ salade sans huile. Comme dessert, prends __________ fruits! Si tu as vraiment de l'appétit, prends __________ pomme ou __________ yaourt. Mais, plus __________ confiture le matin, pas __________ chocolat devant la télé, et enfin, fais beaucoup __________ sport, par exemple __________ athlétisme et __________ natation, au moins trois fois par semaine!

**2.** Si tu veux grossir, mets __________ beurre sur le pain et prends aussi __________ confiture. Tu peux mettre beaucoup __________ sucre dans ton thé. Va souvent chez «Macdo» et mange __________ frites et __________ hamburgers. Mange souvent __________ glace au dessert. Si tu as une petite faim, mange __________ chocolat. Bois[4] __________ coca et ne bois[5] pas __________ eau.
Alors, mange peu __________ fruits et __________ légumes. Et enfin, pas __________ sport!

1 **jusqu'à** [ʒyska] bis – 2 **ce que** [səkə] was – 3 **grossir** [gʀosiʀ] zunehmen – 4 + 5 **(ne) bois (pas)** [bwa] trink (nicht)

## 5 Qu'est ce qu'il faut faire?

→ Ecrire

**a** *L'appartement de la famille Sansordre n'est pas rangé. Madame Sansordre, sa fille et ses deux fils sont énervés. Regarde les dessins et lis les bulles (lies die Sprechblasen). Alors, ils sont où? Qui doit faire quoi? Qu'est-ce qu'il faut? Qu'est-ce qu'il faut faire? Réfléchis (Überlege).*

△ **b** *Maintenant, note pour chaque (jede) dessin ce qu' (was) il faut/ce qu'il faut faire. Utilise le verbe* ***devoir*** *et* ***il faut*** *ou* ***il faut faire****.*

① ______________________________

②  ______________________________

③  ______________________________

 

## 6 Grand ≠ petit

→ Ecrire

*Lis d'abord les phrases et regarde les mots en gras (fett). Puis, écris le contraire de chaque phrase.*

1. C'est **le matin**, un **garçon entre** dans une boulangerie.

___

2. Lucie et sa copine Annabelle **disent**[1] toujours **la vérité**.

___

3. **Après** son interro de maths, Clément mange **beaucoup de** céréales.

___

4. Marie **adore** la science-fiction[2]. Alors, elle **commence** le livre d'histoires fantastiques.

___

5. Patrick **part déjà de** la fête, il **ne** danse **jamais**[3].

___

## 7 C'est trop!

→ Parler

**a** *Il y a souvent des disputes entre frères et sœurs. Parfois (Manchmal), ils sont comme chien et chat.*
*Regardez le dessin. Qu'est-ce que le frère a fait? Qu'est-ce que la sœur dit (sagt)? Qu'est-ce qu'elle veut?*
*Comment est-ce qu'ils peuvent régler leur problème (ihr Problem lösen)?*
*Travaillez à deux. Choisissez un rôle et imaginez leur dialogue.*
*Vous avez 10 minutes pour prendre des notes. Puis, jouez la scène devant la classe.*

**b** *Tu as un frère ou une sœur? Décris-le/la (beschreibe ihn/sie).*
*Raconte pourquoi tu l'aimes ou tu le/la détestes.*
*Si tu n'as pas de frères et sœurs, imagine un frère idéal/une sœur idéale.*
*Tu as 5 minutes de préparation (Vorbereitung) et 5 minutes pour parler devant la classe.*

1 **(elles) disent** [diz] (sie) sagen – **2 la science-fiction** [lasjɑ̃sfiksjɔ̃] Science Fiction – **3 ne … jamais** [nə…ʒamɛ] nie(mals) –
**4 Ça ne te regarde pas!** [sanətəʀəgaʀdpa] Das geht dich nichts an!

## 8 A la crêperie[1]

→ Communiquer et écrire

*Tu passes tes vacances avec ta famille en Bretagne. Vous êtes dans une crêperie. Tes parents et ta sœur ne parlent pas français. Alors, tu commandes. Le garçon (der Kellner) arrive.*

1. Der Kellner kommt, begrüßt euch und fragt, was ihr wünscht. — *Garçon:* ______________________
2. Du begrüßt ihn und sagst, dass ihr [gerne] eine Flasche Wasser, eine Cola und ein Glas Orangensaft möchtet. — *Toi:* ______________________
3. Der Kellner dankt und fragt, ob ihr essen möchtet. — *Garçon:* ______________________
4. Du bejahst und bestellst für deinen Vater eine Crêpe *(= une crêpe)*[2] mit Schinken, Käse und Tomaten. Du fügst hinzu, dass er [die Crêpe] ohne Eier möchte. Für deine Mutter bestellst du eine Crêpe mit Käse und Pilzen. — *Toi:* ______________________
5. Der Kellner entschuldigt sich, weil sie keine Pilze mehr haben. Er fragt, ob sie vielleicht auch eine Crêpe mit Schinken nimmt. — *Garçon:* ______________________
6. Deine Mutter will aber keinen Schinken. Du bestellst [daher] für sie eine Crêpe mit Schokolade. Für dich selbst bestellst du eine Crêpe mit Honig, Eis und viel Schlagsahne *(= la chantilly)*[3]. — *Toi:* ______________________
7. Der Kellner meint, dass du das Mädchen [neben dir] vergessen hast. — *Garçon:* ______________________
8. Du antwortest, dass deine Schwester einen Salat mit Käse und Schinken möchte. — *Toi:* ______________________
9. Der Kellner dankt und sagt, dass er [alles] notiert *(= noter)*[4] hat und fragt, ob das alles ist. — *Garçon:* ______________________
10. Du bejahst und bedankst dich. — *Toi:* ______________________

1 **une crêperie** [ynkʀɛpʀi] *Restaurant, das hauptsächlich „Crêpes" anbietet* – 2 **une crêpe** [ynkʀɛp] – 3 **la chantilly** [laʃɑ̃tiji] – 4 **noter** [nɔte]

 Name: Klasse: Datum:

## 1 Un papi dans le train

→ Ecouter et écrire

**a** *Lis les questions, puis écoute le texte. Ecoute le texte une deuxième fois et réponds aux questions. Fais des réponses courtes (knapp) et utilise les mots du texte.*

1. Qu'est-ce que le papi a composté? ____________________
2. Qu'est ce qu'il faut composter? ____________________
3. Où est-ce que le papi veut descendre? ____________________
4. Un aller simple Paris–Saint-Malo, ça fait combien? ____________________
5. Où est-ce que le papi a acheté son billet? ____________________
6. Quel âge a le papi? ____________________
7. Qu'est-ce qu'on a volé au papi? ____________________
8. Qui est le voleur? ____________________
9. Qu'est-ce que le papi met toujours dans son sac? ____________________
10. Qui est Charlotte Duparc? ____________________

**b** *Lis d'abord les questions suivantes et écoute le CD encore une fois. Puis, coche la bonne réponse.*

| | oui | non |
|---|---|---|
| 1. Est-ce que le papi a raconté la vérité au contrôleur[1]? | ☐ | ☐ |
| 2. Est-ce que le papi a donné de l'argent au contrôleur? | ☐ | ☐ |
| 3. Est-ce que le papi doit descendre du train avant Saint-Malo? | ☐ | ☐ |
| 4. Est-ce que le papi s'appelle Marcel? | ☐ | ☐ |
| 5. Est-ce que les deux papis sont contents[2] des contrôleurs d'aujourd'hui? | ☐ | ☐ |
| 6. Est-ce que le papi et son copain ont déjà pris le train sans billet? | ☐ | ☐ |

## 2 Poèmes de gare

→ Ecouter et écrire

*Dans les gares, il y a des voyageurs qui (die) attendent leur train en écrivant des poèmes (und schreiben dabei Gedichte). Ecoute les petits poèmes. Après, écoute-les encore une fois et complète-les.*

**1.** L'Allemagne, ce n'est pas très ____________________.
Moi, aujourd'hui, je pars à ____________________.
Mais zut, trop tard, j'ai raté mon ____________________!
Alors je vais prendre le ____________________.

**2.** A la gare, je suis allée au ____________________.
Et là, j'ai pris mon ____________________.
Ensuite, bien sûr, je l'ai ____________________.
Départ à 8 h 00! Et à midi, c'est l' ____________________.

**3.** Dans un magazine, j'ai lu ____________________:
«Fans de Zebda, demain il y a un ____________________.»
Alors sur Internet, j'ai regardé les ____________________.
Et là, je pars à Paris, je suis super ____________________.

**4.** Ce n'est pas vrai, je suis en ____________________.
Et je suis arrivée trop tard à la ____________________.
Il faut arriver avant le ____________________.
Le train est parti et moi, j'en ai ____________________.

1 **un contrôleur** [ɛ̃kõtʀolœʀ] ein Schaffner – 2 **content(e)** *(Adj.)* [kõtɑ̃,-t] zufrieden

## 3 La SNCF[1] vous propose[2] ...

→ Lire et écrire

*Tu veux faire un voyage pendant les grandes vacances? Alors regarde et lis le document.*

Découvrez votre nouvel Espace 12-25

# CARTE 12-25

L'argent, gardez-le pour là-bas.

-25% garantis sur vos voyages SNCF

**Shopping et clubbing à Londres?**

Bénéficiez d'une réduction allant jusqu'à **-25% sur les aller-retour EUROSTAR** au départ de Paris et Lille, et profitez des dernières soldes à Londres, des concerts inédits...

## Au programme de votre nouvel Espace 12-25...

**Des offres spécifiques**

Découvrez, en exclusivité sur ce site, des offres exceptionnelles et renouvelées régulièrement pour les porteurs de la Carte 12-25 : places de ciné, CD à gagner, cadeaux...

**Des infos insolites**

Retrouvez chaque mois notre e-mag thématique sur le voyage et les découvertes.

**Des avantages pratiques**

Et bien sûr, vous pouvez directement y acheter votre Carte 12-25, recevoir gratuitement vos billets à domicile, effectuer vos changements d'adresses et dénicher des astuces.

**Pour en profiter et acheter votre Carte 12-25 en ligne, rendez-vous vite sur :**

**le site www.voyages-sncf.com, rubrique "Espace 12-25"**

**ou directement sur**

**www.carte12-25-sncf.com**

**25 ans et quelques mois?**

Vous pouvez encore profiter de toutes les réductions offertes par la Carte 12-25. Il vous suffit de l'acheter jusqu'à la veille de votre 26e anniversaire pour voyager à moitié prix jusqu'à l'avant-veille de vos 27 ans!

**Recevez chez vous vos billets de train et votre Carte 12-25...**

Il vous suffit de passer votre commande à distance au moins 4 jours avant votre départ (7 jours si vous résidez à l'étranger) en réglant par carte bancaire.

L'envoi est gratuit !



1 **la SNCF** [laɛsɛnseɛf] (= **S**ociété **N**ationale des **C**hemins de **F**er) *staatl. Französische Eisenbahngesellschaft*
2 **proposer qc** [pʀɔpoze] etw. vorschlagen

 Name: Klasse: Datum:

**a** *Lis le document de la page 33 encore une fois, puis coche la bonne réponse.*

| | | |
|---|---|---|
| 1. Ce document parle … | d'une carte bancaire[1] pour les jeunes. | ☐ |
| | d'une carte pour voyager sans billet. | ☐ |
| | d'une carte pour voyager avec des réductions. | ☐ |
| 2. Cette carte est pour … | les gens de 0 à 50 ans. | ☐ |
| | les jeunes de 12 à 25 ans. | ☐ |
| | les gens qui voyagent entre le 12 juillet et le 25 août. | ☐ |
| 3. «L'espace[2] 12–25», c'est … | un site Internet. | ☐ |
| | une boutique dans les grandes gares. | ☐ |
| | des billets de train en première classe. | ☐ |

**b** *Lis les questions et cherche les réponses dans le document. Puis réponds aux questions.*

1. Avec la carte, sur quels moyens de transport[3] est-ce qu'on peut avoir des réductions?

_______________________________________________

2. Avec quel train est-ce qu'on peut aller à Londres? De quelle(s) ville(s) est-ce qu'il part?

_______________________________________________

3. Quelles offres spécifiques[4] est-ce qu'il y a avec la carte 12–25?

_______________________________________________

4. Sur quels sites Internet est-ce qu'on peut acheter la carte?

_______________________________________________

5. Si on achète la carte sur Internet, il faut l'acheter combien de jours avant le départ?

_______________________________________________

**c** *Traduis les mots, expressions et abbréviations (Abkürzungen) suivants.*

1. un A/R _______________________________________________
2. Profitez des dernières _______________________________________________
   soldes à Londres. _______________________________________________
3. un e-mag(azine) _______________________________________________
4. en ligne _______________________________________________

**d** *Qu'est-ce que signifie le titre: «L'argent, gardez-le pour là-bas.»? Traduis-le puis explique-le en allemand.*

_______________________________________________

_______________________________________________

1 **une carte bancaire** [ynkaʀtbɑ̃kɛʀ] eine Bankkarte – 2 **l'espace** *(m.)* [lɛspas] *hier:* die Zone – 3 **un moyen de transport** [ɛ̃mwajɛ̃dətʀɑ̃spɔʀ] ein Verkehrsmittel – 4 **une offre spécifique** [ynɔfʀspesifik] ein spezielles Angebot

## 4 Un casse-pieds[1] à la gare

→ Ecrire

*Lisa et son frère Martin ont passé le week-end à Paris chez leurs cousins. Très fatigués, ils attendent maintenant leur train à la gare. Mais un garçon très curieux (neugierig) prend place sur le banc en face des deux jeunes. C'est un vrai casse-pieds! Lis les réponses de Lisa et de Martin et écris les questions du casse-pieds. Utilise la forme correcte du déterminant interrogatif (Fragebegleiter)* ***quel****.*

1. ______________________________

*Martin:* Nous habitons à Saint-Malo.

2. ______________________________

*Lisa:* Moi, j'ai 16 ans et mon frère a 14 ans.

3. ______________________________

*Lisa:* Notre train part à 10 h 45.

4. ______________________________

*Martin:* Nous écoutons beaucoup de rock mais jamais de techno.

5. ______________________________

*Lisa:* Nous adorons «Zebda» et aussi «Superbus».

6. ______________________________

*Lisa:* Nous regardons nos photos de Paris.

7. ______________________________

*Martin:* Nous avons des CD de «Zebda» dans notre sac ... mais ils ne sont pas pour les casse-pieds!

## 5 Le lit ou les croissants?

→ Lire et écrire

*Le dimanche, Pierre et Paul aiment faire la grasse matinée (lange ausschlafen). Mais leurs parents trouvent toujours un moyen (ein Mittel) pour qu'ils sortent du lit (um ... zu). Lis le texte et complète-le avec les formes correctes des verbes* ***entendre, descendre, répondre*** *et* ***attendre.***

**1.** *Mère:* Les garçons, vous d__________? Le petit-déjeuner est prêt. Je vous a__________.

**2.** *Paul:* Tu e__________? **3.** *Pierre:* Oui, mais je ne veux pas r__________.

Moi, je ne d__________ pas, je dors encore. **4.** *Paul:* Mais si nous a__________, Papa va manger les croissants. Tu le connais. **5.** *Père:* Mmm ... ces croissants sont extra. Vous e__________, les garçons?

**6.** *Paul:* Tu vois, il ne nous a__________ plus. Vite, moi, j'ai trop faim. Alors, qu'est-ce que tu a__________? **7.** Les deux frères sont d'accord. Ils r__________ à leurs parents et ils d__________ dans la cuisine. Ouf, les croissants sont encore là!

1 **un casse-pieds** *(fam.)* [ɛ̃kaspje] eine Nervensäge *(ugs.)*

 

## 6 Passe-temps[1] dans le train △

→ Ecrire

*Tu dois faire l'interview d'une star. Dans le train, tu as un peu de temps, prépare tes questions et imagine les réponses. Ecris un dialogue d'environ 60 mots. Utilise pour tes questions ces éléments:*

signer un CD | habiter où? | rencontrer des fans | concerts où? | voyager comment? | âge? | hobby/s?

## 7 On sort?

→ Parler

*Dessin:* © LOUSTAL – Musiques en Stock, Cluses

*Dessin:* © Marc Bourgne pour les Journées BD Saint-Quentin 2002; *Lettrage:* © Florence Cestac

**a** *Tu as vu ces deux affiches dans le magazine préféré de ton corres. Tu discutes avec ton corres. Il te propose d'aller voir «musique en stock» ou les «journées BD». Qu'est-ce que tu préfères? Pourquoi? Comment vous allez y (dorthin) aller (en train ou en bus)? Travaillez à deux. Choisissez un rôle et imaginez un dialogue. Vous avez 10 minutes pour prendre des notes. Puis, jouez la scène devant la classe.*

**b** *Tu as participé (teilgenommen) à un quiz à la radio et tu as gagné une place (Karte) de concert pour aller voir ton groupe préféré à Paris! Après le concert, la radio t'invite. Tu racontes ta journée au passé composé. Tu as 5 minutes de préparation (Vorbereitung) et 5 minutes pour parler devant le micro/la classe.*

1 **le passe-temps** [ləpastɑ̃] der Zeitvertreib

## 8 Quel stress[1]!

→ Communiquer et écrire

*Tu es arrivé(e) à la Gare du Nord mais ton corres et ses parents ne sont pas là! Tu appelles chez ton corres.*

1. Du begrüßt deinen *Corres*, stellst dich kurz vor und sagst, dass du in Paris angekommen bist. Du fragst ihn, warum er und seine Eltern nicht gekommen sind. — *Toi:* ______________________

2. Dein *Corres* ist erstaunt. Er erklärt, dass seine Eltern um 9 h 00 gegangen sind. Er fragt dich, ob du sie auf dem Bahnsteig *(= le quai)*[2] siehst. — *Corres:* ______________________

3. Du weißt es nicht, erwiderst du. Du kennst sie [ja schließlich] nicht. Du fragst dann, was du machen sollst und ob du mit der Metro kommen sollst. — *Toi:* ______________________

4. Du sollst noch ein wenig warten, sagt dein *Corres*. Er kann seinen Vater anrufen. Er hat [ja] ein Handy. — *Corres:* ______________________

5. Du sagst, dass dies eine gute Idee ist. — *Toi:* ______________________

6. Aber dein *Corres* stellt nun fest, dass sein Vater sein Handy vergessen hat, er sieht es auf dem Tisch. Dein *Corres* will daher mit seinem Bruder kommen. Das ist nicht weit, also kommen sie zu Fuß. — *Corres:* ______________________

7. Dein *Corres* soll kurz warten, sagst du plötzlich. Du siehst einen Mann. Er hat ein Foto in der Hand *(= dans la main)*[3]. Er schaut es an, dann schaut er dich an. — *Toi:* ______________________

8. Das ist [bestimmt] sein Vater, sagt der *Corres*. Er meint, dass seine Eltern immer zu spät sind. — *Corres:* ______________________

9. Du sagst, dass seine Eltern ihn jetzt rufen. — *Toi:* ______________________

10. Dein *Corres* ist erleichtert und fragt, ob ihr dann gleich nach Hause kommt. — *Corres:* ______________________

11. Du bejahst und verabschiedest dich. — *Toi:* ______________________

1 **le stress** [ləstʀɛs] der Stress – 2 **un quai** [ɛ̃ke] – 3 **dans la main** [dɑ̃lamɛ̃]

 Name: Klasse: Datum:

## 1 L'anniversaire au commissariat

→ Ecouter et écrire

**a** *Samedi matin. C'est l'anniversaire de Madame Dufour. Son fils Valentin doit acheter le gâteau. Il rencontre son copain Mouloud dans la rue. Lis les phrases et écoute la partie A (Teil A) du texte. Fais des réponses courtes (knapp).*

1. Pourquoi est-ce que Valentin n'a pas le temps de discuter avec Mouloud?

   Parce que ... ______

2. A qui est-ce que Valentin a donné de l'argent?

   ______

3. Qu'est-ce que les deux garçons ont volé à Valentin la semaine dernière[1]?

   ______

4. Avec qui est-ce que le père veut prendre contact?

   ______

5. A qui est-ce que Valentin décrit les voleurs?

   ______

**b** *Lis les questions et écoute la partie A encore une fois. Puis, coche les bonnes réponses.*

| | vrai | faux | pas dans le texte |
|---|---|---|---|
| 1. On a donné des coups à Valentin à la boulangerie. | ☐ | ☐ | ☐ |
| 2. Valentin n'a pas encore parlé du racket à ses parents. | ☐ | ☐ | ☐ |
| 3. La mère veut savoir si les voleurs ont pris aussi le gâteau. | ☐ | ☐ | ☐ |
| 4. Valentin connaît les noms des voleurs. | ☐ | ☐ | ☐ |
| 5. Le commissaire est le voisin des Dufour. | ☐ | ☐ | ☐ |
| 6. Les deux voleurs ont déjà racketté[2] d'autres[3] jeunes. | ☐ | ☐ | ☐ |
| 7. Le père veut tout de suite chercher les voleurs. | ☐ | ☐ | ☐ |

**c** *Valentin et le commissaire veulent faire un portrait robot des deux voleurs. Ecoute la partie B du texte. Dessine les portraits des voleurs en couleurs d'après la description de Valentin (nach Valentins Beschreibung). Après, écoute la partie B encore une fois et vérifie (überprüfe) tes portraits.*

| Racketteur 1 | Racketteur 2 |
|---|---|
| | |

**(im HV-Text) M. Menotte** [mənɔt] *wörtlich:* Herr Handschelle *(Name des Kommissars)* – 1 **dernier/dernière** [dɛʀnje/dɛʀnjɛʀ] letzter/letzte/letztes – 2 **racketter qn** [ʀakete] jdn. erpressen – 3 **d'autres** [dotʀ] andere

## 2 Opération «Ruban Vert»[1] △

→ Lire et écrire

*Dans l'esprit de la résolution de l'ONU de l'année 1998, une campagne a été lancée pour l'éducation à la non-violence et à la paix à l'école. (Im Sinne der UNO-Resolution von 1998 wurde eine Kampagne der Erziehung zur Gewaltlosigkeit und zum Frieden an den Schulen gestartet.)*

© OKAPI, Bayard Jeunesse, 2002

**a** *Alors, «Okapi» commence en 2001 l'opération «Ruban Vert» pour lutter (kämpfen) contre la violence à l'école. Toutes (Alle) les écoles peuvent participer (teilnehmen) à cette opération. Lis les actions et les projets, puis traduis les mots/les expressions (Ausdrücke) en allemand.*

Une classe peut monter un projet, par exemple:

- faire signer[2] des engagements contre la violence
- organiser une journée de débats[3]
- inviter des experts, par exemple un éducateur de rue[4], un commissaire de police, …
- créer une pièce «Ruban Vert» avec le club théâtre
- publier une édition spéciale[5] «Ruban Vert» avec le club journal
- écrire un rap sur le thème
- réaliser un CD-ROM sur le thème du respect, etc.

Des prix pour les collèges sont à gagner!

1. monter un projet: ____________________
2. des engagements: ____________________
3. inviter des experts: ____________________
4. créer une pièce: ____________________
5. publier qc: ____________________
6. écrire qc sur le thème: ____________________

**b** *Les élèves d'une classe du collège «Dupaty» ont aussi participé à cette opération. Lis leur document.*

Le week-end dernier, il y a eu des actes de vandalisme au collège. En «Vie de classe», une élève a apporté le magazine «Okapi» et a parlé du «Ruban Vert». Nous avons lancé l'opération avec notre professeur principal, d'abord dans notre classe, puis dans tout le collège.
En «Vie de classe», nous avons regardé une cassette vidéo, commenté des articles de presse, échangé beaucoup d'idées sur le sujet. En plus, nous avons réalisé plusieurs projets:

- un charte des membres[6] de l'opération «Ruban Vert» avec 515 signatures.
- des badges[7] avec des slogans anti-violence
- des dessins
- quelques textes
- une affiche pour dire NON à la violence en plusieurs langues
- une enquête et un reportage
- une information sur le site Internet du collège et sur le site du «Ruban Vert».

A la fin, les élèves ont fait une exposition[8] pour montrer à l'ensemble des élèves et à leurs parents leurs résultats.

1 **opération** *(f.)* **«Ruban Vert»** [ɔpeʀasjɔ̃ʀybɑ̃vɛʀ] Aktion „Grüne Schleife" – 2 **faire signer** [siɲe] unterschreiben lassen – 3 **un débat** [ɛ̃deba] *hier:* eine Diskussion – 4 **un éducateur de rue** [ɛ̃nedykatœʀ] ein Streetworker – 5 **une édition spéciale** [ynedisjɔ̃spesjal] eine Sonderausgabe – 6 **une charte des membres** [ynʃaʀtdemɑ̃bʀ] eine Charta der Mitglieder – 7 **un badge** [ɛ̃badʒ] ein Anstecker – 8 **une exposition** [ynekspozisjɔ̃] eine Ausstellung

*Maintenant, lis les phrases et coche la bonne réponse.*
*Tu peux d'abord relire (noch einmal lesen) les textes de la page 39.*

| | | |
|---|---|---|
| 1. «Ruban Vert», c'est une opération … | contre la violence à l'école. | ☐ |
| | contre la violence à la maison. | ☐ |
| | contre la violence entre filles et garçons. | ☐ |
| 2. Les collèges qui[1] participent à l'opération peuvent gagner … | une cassette vidéo. | ☐ |
| | un CD-ROM. | ☐ |
| | un prix. | ☐ |
| 3. La classe du collège «Dupaty» a réalisé … | un projet. | ☐ |
| | plusieurs projets. | ☐ |
| | une cassette vidéo. | ☐ |
| 4. A la fin, les élèves du collège «Dupaty» vont montrer leurs résultats … | aux victimes de la violence. | ☐ |
| | aux parents des victimes de la violence. | ☐ |
| | aux élèves et leurs parents. | ☐ |
| 5. Ils veulent montrer leurs résultats dans … | un exposé. | ☐ |
| | une exposition. | ☐ |
| | une édition spéciale. | ☐ |

**c** *Lis les phrases. Réponds avec les mots/les propositions (Vorschläge) d'«Okapi» ou de la classe du collège «Dupaty».*

*© OKAPI, Bayard Jeunesse, 2002*

1. Quel(s) expert(s) est-ce qu'une classe peut inviter?

___

2. Quel projet est-ce qu'une classe peut monter avec le club théâtre?

___

3. Au collège «Dupaty», pendant quel cours est-ce qu'une élève a apporté le magazine «Okapi»?

___

4. Avec qui est-ce que les élèves du collège «Dupaty» ont lancé l'opération «Ruban Vert»?

___

5. Que dit leur affiche?

___

6. Où est-ce qu'ils ont mis leurs informations?

___

1 **qui** *(Relativpron.)* [ki] der, die, das

## 3 Le «Petit Prince»[1]

→ Lire et écrire

*En cours de français, la classe doit présenter un livre d'Antoine de Saint-Exupéry.*
*Emilie n'a pas compris les devoirs. Sa voisine Christine les lui explique (erklärt sie ihr). Lis le dialogue et pose des questions sur les mots* ***en gras*** *(fett).*

*Christine:* Ecoute, il faut faire un exposé **sur un livre d'Antoine de Saint-Exupéry**.

**1.** *Emilie:* Hein? ______________________
*Christine:* Peut-être sur le «Petit Prince». Il est super ce livre! Et moi, je veux travailler **avec ma copine**.

**2.** *Emilie:* Ah bon, mais … ta copine c'est moi, non? ______________________
*Christine:* Avec Camille! Je vais aller **chez les Durand** et on va parler **de l'organisation[2] du projet**.

**3.** *Emilie:* Hein?? ______________________

______________________

*Christine:* Mais je vais aller chez Camille Durand. On va faire un plan sur «Qui fait quoi?». Après, on va chercher des dessins **du petit bonhomme[3]** sur Internet.

**4.** *Emilie:* ______________________
*Christine:* Mais, Emilie, du héros[4] du livre! Je vais demander **à la documentaliste** ce qu'[5]il y a sur le «Petit Prince» au CDI.

**5.** *Emilie:* ______________________
*Christine:* Mais à Mme Maurois, elle a toujours de bonnes idées. Elle peut t'aider. Et maintenant, arrête avec tes questions, tu m'énerves!

## 4 Préparons la fête!

→ Lire et écrire

*Karim veut fêter ses 14 ans samedi soir. Alors, vendredi, pendant la récré, il parle à ses copains.*
*Lis et complète le texte avec les pronoms objets directs* ***(le, la, l', les)*** *ou indirects* ***(lui, leur).***
*Choisis un des deux trous (Wähle eine der beiden Lücken aus) et mets le pronom à la bonne place.*

**1.** *Karim:* Ecoutez, **ma fête d'anniversaire**, je ne veux pas ________ organiser ________ tout seul[6]! Alors, vous allez m'aider, d'accord? Il faut **acheter du pain**. Qui ________ veut ________ faire? **2.** *Léo:* Arnaud, **ta mère** travaille dans une boulangerie. Tu ________ demandes ________ si elle peut apporter **cinq baguettes**? Et moi, je ________ vais ________ préparer! **3.** *Benjamin:* Je veux aussi **deux paquets de chips**. **4.** *Karim:* Ben, si tu-les veux …Tu dois ________ acheter ________, moi, je n'ai pas le temps. Vous voulez aussi manger une salade? **Une salade de riz**, par exemple? **5.** *Patrick:* Mmh, j'adore ça. Mais qui va ________ faire ________? **6.** *Karim:* Euh, … **mes sœurs** connaissent la recette, je vais ________ demander ________ et maman va peut-être m'aider … **7.** *Benjamin:* Et moi, j'apporte du coca, de la limonade et des CD de *Zen Zila*[7]. Vous croyez qu'ils vont plaire **aux filles**? **8.** *Karim:* Euh non … je sais que ce groupe ne ________ plaît ________ pas du tout mais **les grands frères de Mélanie** ont **beaucoup de CD de** ***Zebda***. Alors, je vais ________ téléphoner ________ et Mélanie peut ________ apporter ________ à la fête. Zut! Ça sonne! A demain, alors! Ciao!

1 **Le «Petit Prince»** [ləptipʀɛ̃s] „Der kleine Prinz" *(berühmtes Buch von A. de Saint-Exupéry)* – 2 **l'organisation** *(f.)* [lɔʀganizasjõ] *hier:* der Aufbau – 3 **un bonhomme** [ɛ̃bɔnɔm] *hier:* ein Knirps – 4 **le héros** [ləeʀo] *hier:* die Hauptperson – 5 **ce que/ce qu'** [skə] was – 6 **tout seul** [tusœl] ganz allein – 7 **Zen Zila** [zɑ̃zila] *frz. Musikgruppe*

Name: Klasse: Datum:

## 5 Un travail d'équipe[1]

→ Lire et écrire

*Lundi matin. La classe de Thierry doit faire un exposé sur Toulouse. Pendant la récré, Thierry parle à ses copains. Lis d'abord le texte, puis complète-le avec la forme correcte des verbes suivants. Il y a des verbes que (die) tu dois mettre au passé composé (**PC**).*

| | | | | | | | | |
|---|---|---|---|---|---|---|---|---|
| **1** lire | **2** comprendre | **3** faire | **4** pouvoir | **5** vouloir | **6** commencer | **7** connaître | **8** décrire | |
| **9** écrire | **10** devoir | **11** être | **12** dire | **13** venir | **14** adorer | **15** répondre | **16** mettre | **17** apporter |

*Thierry:* Daniel, tu ________ **1 PC** les sujets pour l'exposé ? Pas facile, hein? Tu ________ **2 PC** ce qu'[2]il faut ________ **3** ? *Daniel:* Ouais, ça va aller … Mais on ________ **4** faire le devoir ensemble, avec les copains, si vous ________ **5** . ________ **6** mercredi, après les cours. *Philippe:* Super idée, moi, je ne ________ **7** pas assez[3] bien la ville pour la ________ **8** dans un exposé. *Daniel:* Mais c'est facile: vous ________ **9** d'abord vos idées pour l'exposé sur un papier et moi, je vais demander à mon oncle, il habite Toulouse. En plus, Thierry et Yann ________ **10** faire des recherches sur Internet. Ça va être un vrai travail d'équipe! *Thierry:* ______, … est-ce que vous ________ **11** d'accord si je ________ **12** à Amandine qu'elle peut ________ **13** aussi? Ses sœurs ________ **3** leurs études[4] à Toulouse et elles ________ **7** peut-être … *Philippe:* Ah, Thierry, je *te* ________ **7**, tu ________ **14** Amandine! Mercredi après-midi chez Daniel.

*Thierry:* Alors, ton oncle ________ **15 PC**? *Daniel:* Oui, il m'a envoyé[5] un e-mail avec un document sur l'histoire de Toulouse. ________ **1** le document avec Philippe et ________ **12** après ce qu'on ________ **16** dans l'exposé. Euh, … et Amandine, elle ________ **13** aussi?

*Thierry:* Ah oui, et elle ________ **17** des photos de Toulouse et sa région!

## 6 Les plus grandes[6] villes de France

→ Parler

**a** *Votre prof vous donne quelques détails (Einzelheiten) sur deux des plus grandes villes de France. Travaillez à deux. Tu discutes avec ton partenaire. Quelle ville est-ce que vous voulez présenter et pourquoi? Pensez à d'autres (andere) détails: activités (sportives) dans les deux villes/ régions, spécialités …, etc. Vous avez 10 minutes pour prendre des notes. Comparez vos détails et trouvez les arguments de ce que vous aimeriez faire (was ihr gerne machen würdet) dans cette ville. Présentez votre dialogue devant la classe.*

**b** *Vous devez faire des recherches sur les plus grandes villes de France. Ton partenaire ne sait pas très bien comment on peut trouver et organiser des informations. Utilise les mots **d'abord, puis, parce que, ensuite, mais, après, et, enfin.** Tu as 10 minutes pour prendre des notes. Puis, présente tes idées à la classe.*

**Paris**
capitale de la France et de la région Île-de-France
2.147.857 habitants
25 millions de touristes par an
monuments: tour Eiffel, …
musées: …
activités: …

**Toulouse**
capitale de la région Midi-Pyrénées dans le sud-ouest de la France
426.700 habitants
monuments: le Capitole, …
musées: …
activités: …

1 **un travail d'équipe** [ɛ̃tʀavajdekip] Teamwork – 2 **ce que/ce qu'** [skə] was – 3 **assez** [ase] genug – 4 **faire ses études** *(f.)* [fɜʀsezetyd] studieren – 5 **envoyer qc à qn** [ɑ̃vwaje] jdm. etw. schicken – 6 **les plus grand(e)s** [leplygʀɑ̃,-d] der/die/das größte(n)

## 7 Gagné! △

→ Communiquer et écrire

*Ton corres est chez toi. Il est fan de rugby. Son équipe préférée est celle (die) de Toulouse. Vous êtes devant l'ordinateur. Il veut connaître les résultats de son équipe, alors tu demandes à ton frère qui (der) sait très bien surfer sur Internet mais qui ne parle pas français. Tu fais l'interprète (Du vermittelst **sinngemäß**). Utilise **le discours indirect/l'interrogation indirecte.***

| | |
|---|---|
| *Ton corres:* | Je cherche les résultats de mon équipe de rugby. Tu aimes aussi le rugby? |
| **1.** Dein Bruder mag Rugby nicht so. Er sagt, dass er am liebsten Fußball spielt. | Mon frère dit qu'il ... |
| *Ton corres:* | Les copains et moi, on fait souvent du foot pendant la récré. J'aime le sport, je fais aussi du basket. |
| **2.** *Toi à ton frère:* | Er spielt oft ... |
| **3.** Dein Bruder fragt, ob er euch helfen soll. Er kann euch zeigen, wie man mit dem Internet arbeitet. | Mon frère demande s'il ... |
| *Ton corres:* | C'est super, merci. Euh, ... Qu'est-ce qu'il faut faire d'abord? |
| **4.** *Toi à ton frère:* | |
| **5.** Dein Bruder fragt, ob dein *Corres* mit der Suchmaschine *(= un moteur de recherche)*[1] arbeiten kann. | |
| *Ton corres:* | Un peu mais je ne sais plus comment il faut remplir[2] les champs[3] ... |
| **6.** *Toi à ton frère:* | |
| **7.** Dein Bruder erklärt, dass ihr zuerst auf www.google.fr klicken, dann *Toulouse* und *rugby* eintragen müsst. | |
| *Ton corres:* | OK, ... Sur quel lien[4] est-ce qu'il faut cliquer après? |
| **8.** Dein Bruder antwortet, dass der Link vielleicht „Spielergebnisse" heißt. | |
| *Ton corres:* | Ah oui, ... Regardez, ici, il y a les résultats de l'équipe de Toulouse! Super, elle a gagné! Génial! Et maintenant, je sais comment on peut affiner[5] la recherche! Merci! |
| **9.** *Toi à ton frère:* | |

1 **un moteur de recherche** [ɛ̃motœʀdəʀəʃɛʀʃ] – 2 **remplir qc** [ʀɑ̃pliʀ] etw. ausfüllen – 3 **un champ** [ɛ̃ʃɑ̃] *hier:* ein Textfeld – 4 **un lien** [ɛ̃ljɛ̃] ein Link – 5 **affiner** [afine] verfeinern

 Name: Klasse: Datum:

## 1 Enfin les vacances!

→ Ecouter et écrire

**a** *Regarde le tableau suivant (folgende Tabelle), puis écoute attentivement (aufmerksam) les textes. Ecoute les textes une deuxième fois et coche ce que (was) les jeunes font pendant leurs vacances. Attention, plusieurs réponses sont possibles (möglich).*

| | **Abdel** | **Aline** | **Léo** | **Sophie** |
|---|---|---|---|---|
| 1. faire du canoë | ☐ | ☐ | ☐ | ☐ |
| 2. travailler | ☐ | ☐ | ☐ | ☐ |
| 3. aller à la mer | ☐ | ☐ | ☐ | ☐ |
| 4. faire des randos | ☐ | ☐ | ☐ | ☐ |
| 5. aller à l'hôtel | ☐ | ☐ | ☐ | ☐ |
| 6. faire du camping | ☐ | ☐ | ☐ | ☐ |
| 7. faire du scooter | ☐ | ☐ | ☐ | ☐ |

**b** *Lis les phrases et écoute les textes encore une fois. Puis, complète la grille avec les mots qui manquent* **?** *(..., die fehlen).*

**horizontalement**[1]
**1** Sophie a travaillé pour ses vacances parce que ça **?** cher.
**2** Le père d'Aline déteste la **?**
**3** La mère de Sophie trouve le scooter très **?**
**4** Abdel aide ses parents tous les **?**

**verticalement**[2]
**5** Sur la plage à Argelès, Léo a vendu des **?**
**6** Dans les Pyrénées, les papis et les mamies font des **?**
**7** Pendant les vacances, il y a beaucoup de **?** en Midi-Pyrénées.

**c** *Lis les phrases suivantes. Remplace les pronoms par les personnes dont il s'agit (um die es dabei geht) et réponds aux questions avec les informations des textes écoutés.*

1. **Eux, ils** ont un magasin à Toulouse: ______

   Qu'est-ce qu'ils vendent dans ce magasin? ______.

2. **Elle, elle** est déprimée[3]: ______

   Pourquoi? ______

   ______.

3. **Lui, il** dort tard le matin: ______

   Pourquoi? ______.

4. **Elle, elle** a peur: ______

   Pourquoi? ______.

1 **horizontalement** *(Adv.)* [ɔʀizɔ̃talmɑ̃] waagerecht – 2 **verticalement** *(Adv.)* [vɛʀtikalmɑ̃] senkrecht – 3 **déprimé(e)** [depʀime] deprimiert

## 2 La Fête de la Musique

→ Lire et écrire

**a** *Le 21 juin, en France, c'est la Fête de la Musique. Comme le montre cette enquête, c'est un jour important. Lis l'enquête puis lis les phrases. Coche la bonne réponse*

### LES FRANÇAIS ET LA FÊTE DE LA MUSIQUE: RÉSULTATS D'UNE ENQUÊTE

En juin 2000, le Ministère de la Culture a fait une enquête après la Fête de la Musique pour connaître l'opinion[1] des Français. Tous les Français ou presque (97%) ont entendu parler de la Fête de la Musique. L'image de cette fête est très positive. La fête intéresse surtout les jeunes. Ce n'est pas une surprise parce que les jeunes aiment sortir le soir et aller aux concerts (78% des 15-17 ans) et pratiquer des activités artistiques en amateurs: 23%.

Autre résultat intéressant de cette enquête: La Fête de la Musique est une journée exceptionnelle. Toute la France descend dans la rue pour cette grande fête gratuite, même dans les petites villes. Tout le monde peut participer[2] et cela ne coûte rien. Alors tous les âges et toutes les classes sociales font la fête ensemble.

Pendant la fête, on peut chanter ou jouer pour la première fois devant un public avec son groupe de copains, se promener[3] dans la rue sans connaître le programme, écouter avec des milliers de fans le concert de sa star préférée.

De plus, presque tous les genres de musique[4] sont présents le 21 juin: les chansons françaises (33% des amateurs), les musiques traditionnelles (27%), la musique classique (24%), le rock (environ 20%), le jazz (12%), mais aussi le rap, le punk, l'opéra, la techno ...

Ces résultats montrent que cette fête est aujourd'hui un rendez-vous important pour beaucoup de Français: elle est devenue une tradition. Pour beaucoup d'adolescents, la Fête de la Musique, c'est souvent la première sortie le soir, le premier concert. Et pour beaucoup de musiciens, c'est souvent l'occasion[5] de donner un premier concert en public.

*D'après le Département des Etudes et de la Prospective du Ministère de la Culture et de la Communication, 2000.*

| | vrai | faux |
|---|---|---|
| 1. Les jeunes n'aiment pas cette fête. | ☐ | ☐ |
| 2. Pendant la Fête de la Musique, tous les concerts sont gratuits. | ☐ | ☐ |
| 3. La Fête de la Musique, c'est seulement dans les grandes villes. | ☐ | ☐ |
| 4. Pendant la Fête de la Musique, on peut chanter sur scène avec sa star préférée. | ☐ | ☐ |
| 5. Les amateurs jouent/chantent surtout des chansons françaises. | ☐ | ☐ |
| 6. Les musiciens ont tous déjà donné des concerts avant. | ☐ | ☐ |
| 7. Pour beaucoup de jeunes, la Fête de la Musique est la première sortie le soir. | ☐ | ☐ |

**b** *Lis l'enquête encore une fois. Puis, réponds aux questions, traduis et coche.*

1. «pratiquer des activités artistiques» en allemand, c'est ____________________
2. Quel est le contraire (Gegenteil) de «un (musicien) professionnel[6]»? ____________________
3. «une journée exceptionnelle», c'est une journée géniale ☐ une journée nulle ☐
4. Quel est le synonyme de «ne rien coûter»? ____________________
5. «des classes sociales» en allemand, c'est ____________________
6. Quel est le synonyme de «jouer devant des spectateurs[7]»? ____________________
7. Quel est le contraire de «la musique moderne»? ____________________
8. «les musiques traditionnelles», ce sont les musiques classiques ☐ les musiques folkloriques ☐

1 **une opinion** [ynɔpinjɔ̃] eine Meinung – 2 **participer à** [paʀtisipe] teilnehmen an – 3 **se promener** [səpʀɔmne] spazieren gehen – 4 **un genre de musique** [ɛ̃ʒɑ̃ʀdəmyzik] eine Musikrichtung – 5 **une occasion** [ynɔkasjɔ̃] eine Gelegenheit – 6 **un professionnel** [ɛ̃pʀɔfɛsjɔnɛl] ein Profi – 7 **un spectateur** [ɛ̃spɛktatœʀ] ein Zuschauer

## 3 Pourquoi est-ce que Claire aime Léo? △

→ Lire et écrire

*Claire explique dans son journal intime (Tagebuch) pourquoi elle aime Léo. Tu ne connais pas tous les adjectifs qu'elle utilise (alle Adjektive, die sie benutzt) mais tu peux les comprendre si tu penses à l'allemand ou à l'anglais (an das Englische). Regarde ces adjectifs et leurs contraires (Gegenteil) dans l'encadré (Kasten).*
*Puis, lis et complète la page du journal intime de Claire. Fais attention à l'accord.*

| intelligent ≠ idiot | gentil ≠ méchant | énervé ≠ calme | riche ≠ pauvre |
|---|---|---|---|

*J'aime Léo. Léo est un garçon très ca______: il n'est jamais ______, il ne crie jamais. Il n'est pas comme les autres garçons. Eux, je les trouve vraiment ______, surtout quand ils rigolent à cause des vêtements de Léo. Ses parents ne sont pas ______ alors il porte souvent la même chose. Mais Léo est un garçon ______. Il ne dit rien et même quand les autres garçons lui disent un mot ______, il reste très ______ et il leur sourit[1]. Eux, ça les énerve! Ils ont peut-être de l'argent mais je trouve qu'ils sont ______ dans leur tête, parce qu'ils n'ont rien dedans[2]!*

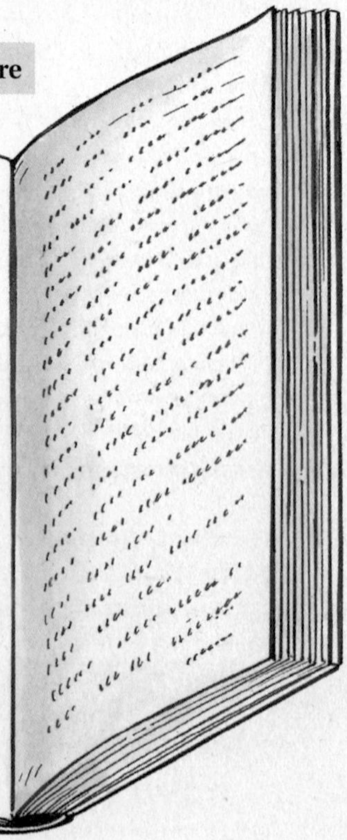

## 4 Axel et Marc, c'est le jour et la nuit[3]!

→ Ecrire

**a** *Marc est le contraire d'Axel. Décris Marc en mettant les phrases suivantes à la forme négative (…, indem du die Sätze verneinst).*

1. Axel a de la chance.
   Marc n'a …
2. A l'école, il comprend tout.
   ______
3. Il a toujours des bonnes notes.
   ______
4. Il a déjà un scooter.
   ______
5. Sa copine l'aime encore.
   ______
6. Et les autres filles de la classe l'aiment aussi.
   ______

△ **b** *Maintenant, choisis deux de tes copains/copines. Décris-les sur une feuille de papier (auf einem Blatt Papier). Pense par exemple à ce qu'ils/elles mettent (was sie …), etc. Mets tes phrases dans la forme négative. Ecris 70 mots environ (ungefähr).*

1 **sourire** [suʀiʀ] lächeln – 2 **dedans** [dədɑ̃] darin – 3 **le jour et la nuit** [ləʒuʀelanɥi] (2 Personen sind so verschieden wie [der]) Tag und (die) Nacht

## 5 Les habitudes[1]

→ Parler

**a** *Regarde la bande dessinée. Imagine le monologue (Monolog) d'Achille Talon. Quelles sont ses habitudes le matin? Puis, prends le rôle d'Achille Talon et raconte l'histoire au passé composé. Utilise* ***d'abord, puis, parce que, ensuite, mais, après, et, enfin*** *pour relier tes phrases (um deine Sätze zu verbinden). Tu as 10 minutes de préparation et 5 minutes pour parler devant la classe.*

△ **b** *Travaillez à deux. Préparez une enquête sur vos habitudes. Posez des questions et comparez (vergleicht) vos habitudes et celles (die) de vos familles. Qu'est-ce que vous faites dans la journée (matin, midi, après l'école, soir), le week-end? Vous avez 10 minutes de préparation et 5 minutes pour parler devant la classe.*

1 **une habitude** [ynabityd] eine Gewohnheit – 2 **un facteur** [ɛ̃faktœʀ] ein Briefträger – 3 **une lettre recommandée** [ynlɛtʀəʀəkɔ̃mɑ̃de] ein Einschreib(e)brief – 4 **Un instant ...** [ɛ̃nɛ̃stɑ̃] Einen Augenblick ...

## 6 Les stars de la Fête de la Musique △

→ Communiquer et écrire

*Le 21 juin, c'est la Fête de la Musique en France. Toi, tu passes la journée chez ton corres, à Marseille. Vous rencontrez deux jeunes touristes allemands. Ils veulent tout savoir sur la fête mais ils ne parlent pas français. Alors, tu fais l'interprète (du vermittelst **sinngemäß**).*

| Les jeunes Allemands | Toi | Ton corres |
|---|---|---|
| Hallo! Äh, … Salut! Leider sprechen wir kein Französisch … Wir sind Tim und Lucas aus Berlin. Warum sind [eigentlich] heute Abend alle auf *(= dans)* der Straße? | 1. ______ | |
| | 2. Hallo! Ich bin sein Austauschpartner und werde … | Salut! Euh, ça, c'est mon corres allemand, il va vous expliquer. C'est la Fête de la Musique aujourd'hui. Il n'y a pas de Fête de Musique chez vous? |
| Doch, in Berlin spielen oft Bands auf der Straße. Findet dieses Fest jedes Jahr statt? | 3. ______ | |
| | 4. ______ | Mais oui, toujours le 21 juin! Moi, je viens toujours avec mes copains. Il y a une ambiance d'enfer. |
| Ja, das stimmt! Kann [eigentlich] jeder *(= alle)*] Musik machen? Und die Konzerte sind wirklich umsonst? | 5. ______ | |
| | 6. ______ | Bien sûr! Mes copains aussi ont un groupe. Leur concert commence dans vingt minutes. Ça vous intéresse? |
| Das ist super! Natürlich interessiert uns das! Machst du auch Musik? | 7. ______ | |
| | 8. ______ | Oui, moi, je chante! Et vous? |
| Ich singe auch und mein Freund spielt Gitarre *(= jouer de la guitare)*[1]. | 9. ______ | |
| | 10. ______ | Génial! Et vous avez déjà des fans? Nous, les filles nous adorent! Alors venez vite! Vous allez rencontrer nos fans. |

1 **jouer de la guitare** [ʒwedəlagitaʀ]

## 1 Une journée à l'école

→ Lire et écrire

*Ton corres Louis a déménagé (umgezogen) à Toulouse. Il te téléphone et vous parlez de l'école. Il te décrit sa journée. Lis ce qu'il (was er) raconte et complète le texte avec les verbes au* ***passé composé****. Fais attention à l'accord!*

| | | | |
|---|---|---|---|
| **1.** attendre | **2.** arriver, dire, sortir, | **3.** prendre, descendre, arriver | **4.** ouvrir, faire, dire |
| **5.** prendre, lire, comprendre | **6.** voir, fermer, dormir | **7.** crier | **8.** écrire |
| **9.** rester, rentrer | **10.** venir, lire | **11.** rentrer | **12.** apprendre |

**1.** – Ce matin, j'____________ ma nouvelle copine dans la rue. **2.** Elle ____________ 10 minutes en retard et elle ____________: «Désolée, je ne ____________ pas ____________ de mon lit à l'heure[1]! **3.** Vite, nous ____________ le bus et nous ____________ à la station «Collège Guillaumet» mais nous ____________ en retard au premier cours! **4.** Alors, j'____________ la porte de la salle de classe et j'____________ «pardon!» mais le prof ______ seulement ____________ «chut»! **5.** Nous ____________ place, puis j'____________ les questions de l'interro mais je n'____________ rien ____________! L'horreur! **6.** Puis, le prof ____________ que j'____________ les yeux et que j'____________ pendant quelques instants[2].

**7.** Il ____________: «Hé, vous, le nouveau! De quoi est-ce que vous rêvez?» **8.** L'après-midi, pendant le cours de français, nous ____________ une lettre à un collège allemand[3]. **9.** Après les cours, ma copine ____________ au CDI pour préparer un exposé et moi, je ____________ à la maison.

**10.** A 20 heures, ma copine ____________ chez moi et on ____________ le nouveau «Titeuf» de Zep dans ma chambre. **11.** A 21 h, elle ____________ chez elle. **12.** Et moi, j'____________ mon nouveau vocabulaire allemand pour l'interro de demain!

## 2 Les contraires[4]

→ Lire et écrire

*Ecris les contraires de ces mots / expressions (Ausdrücke) sans utiliser la négation.*

1. fermer qc ____________
2. dire la vérité ____________
3. venir ____________
4. descendre ____________
5. demander qc ____________
6. acheter qc ____________
7. être mince ____________
8. un aller simple ____________
9. le départ ____________
10. à gauche ____________

1 **à l'heure** [alœʀ] pünktlich – 2 **un instant** [ɛ̃nɛ̃stɑ̃] einen Augenblick – 3 **allemand(e)** [almɑ̃,-ɑ̃d] deutsch – 4 **le contraire** [ləkõtʀɛʀ] das Gegenteil

 Name: Klasse: Datum:

## 3 Quand une mère est à l'hôpital …

→ Lire et écrire

*Samedi après le petit-déjeuner, M. Dubois téléphone à ses enfants. Sa fille Alicia lui demande beaucoup de choses (Dinge). Lis le dialogue et pose des questions sur les mots **en gras**.*

**1.** *Alicia:* Papa, ______________________________?

*M. Dubois:* Ecoute Alicia, **je suis à l'hôpital** … Ta mère est tombée mais ce n'est pas trop grave.

**2.** *Alicia:* ______________________________?

*M. Dubois:* Ben, **elle n'a pas vu venir le garçon** sur son vélo.

**3.** *Alicia:* La pauvre[1]! ______________________________?

*M. Dubois:* Maintenant, **elle va mieux** mais aujourd'hui, vous devez faire le ménage[2].

**4.** *Alicia:* Oui, bien sûr, ______________________________?

*M. Dubois:* **Il faut faire** les courses, la vaisselle et aussi ranger les chambres.

**5.** *Alicia:* Euh…, pour les courses, ______________________________ payer[3]? Je n'ai pas d'argent.

*M. Dubois:* **Avec ma carte bancaire**, elle est sur mon bureau. Ta mère a parlé au docteur Machin ce matin.

**6.** *Alicia:* Hein? ______________________________?

*M. Dubois:* Mais **au docteur Machin**, notre voisin! Il pense que ta mère doit rester ici encore quelques jours. Mais ta mère a trop peur.

**7.** *Alicia:* ______________________________?

*M. Dubois:* **De l'hôpital et des médecins**[4], tu la connais! Allez, les enfants, je dois m'occuper de[5] maman mais je vais rentrer bientôt.

**8.** *Alicia:* Attends, ______________________________?

*M. Dubois:* Cet après-midi, **vers 16 heures**. Ciao!

## 4 Un homme intéressant et une femme intéressante

→ Ecrire

*Voici un puzzle. Retrouve les adjectifs et relie-les (verbinde sie). Puis, regarde bien la forme de chaque adjectif et ajoute un substantif. Ecris tes exemples avec l'article indéfini **(un/une/des)**.*

| | | | |
|---|---|---|---|
| 1. dange | s | 7. alle | les |
| 2. blon | laire | 8. nul | chaines |
| 3. gros | reux | 9. sym | ce |
| 4. fier | les | 10. min | ciles |
| 5. gentil | ds | 11. pro | mand |
| 6. sco | ses | 12. fa | pas |

1. ______________________ 7. ______________________

2. ______________________ 8. ______________________

3. ______________________ 9. ______________________

4. ______________________ 10. ______________________

5. ______________________ 11. ______________________

**6.** ______________________ 12. ______________________

1 **La pauvre!** [lapovʀ] Die Arme! – 2 **le ménage** [ləmenaʒ] der Haushalt – 3 **payer** [peje] bezahlen – 4 **un médecin** [ɛ̃medsɛ̃] ein Arzt – 5 **s'occuper de qn/qc** [sɔkype] sich um jdn./etw. kümmern

## 5 Ma sœur m'énerve!

→ Lire et écrire

**a** *Voilà un extrait (Auszug aus) du journal intime de Laura. Lis le texte suivant et complète-le avec les formes correctes des verbes.*

L'après-midi, vers 16 h

Cher journal,

J'en ai marre de ma petite sœur! Elle adore trop les histoires[1] mais elle ne sait pas encore lire …!!

1. Moi, je ____________ (vouloir plutôt[2] écrire) un e-mail à mon copain. 2. Il ____________ (déjà attendre) mon message. 3. Mais mon frère Maxime et moi, nous ____________ (devoir lire) une histoire marrante à la petite. 4. Je n'ai pas envie et Maxime, lui, ____________ (ne pas vouloir lire) des histoires pour petites filles, il trouve ça nul.

5. Il ____________ (connaître) des blagues[3], alors il ____________ (promettre) à notre sœur de les raconter ce soir. 6. Elle n'est pas contente. Elle ____________ (vouloir tout de suite téléphoner) à maman et papa! 7. Je ____________ (déjà savoir) que ça ____________ (ne pas plaire (futur composé)) à papa …

8. Alors, je ____________ (prendre) le livre idiot de ma sœur et je ____________ (lire) un tout petit chapitre[4]! 9. Puis, j' ____________ (écrire) des SMS à mes copines Léa et Marie. Elles ____________ ____________ (comprendre (futur composé)) que ma sœur m'énerve!

A suivre[5]!

**b** *Maintenant, remplace les mots en gris dans le texte de la partie* **a** *par les pronoms directs* ***(le, la, l', les)*** *ou indirects* ***(lui, leur)*** *et récris (schreibe noch einmal) les phrases. Fais attention à la place correcte du pronom.*

1. Moi, je… ____________
2. ____________
3. ____________
4. ____________
____________
5. ____________
____________
6. ____________
7. ____________
8. ____________
9. ____________
____________

1 **une histoire** [ynistwaʀ] eine Geschichte – 2 **plutôt** [plyto] eher – 3 **une blague** [ynblag] ein Witz – 4 **un chapitre** [ɛ̃ʃapitʀ] ein Kapitel – 5 **A suivre** [asɥivʀ] Fortsetzung folgt

 Name: Klasse: Datum:

## 6 Cherche les groupes.

→ Ecrire

**a** *Voici des expressions (Ausdrücke). Classe-les dans le bon tableau.*

attention au départ – lire une recette – mettre au frigo – lire le sujet – ça sent bon – monter dans le train – prendre assez de sucre – ajouter des mots-clés – dans quelle direction – changer le sujet – faire un exposé – c'est direct – écrire un article – rater le train – montrer des photos – regarder les horaires – faire la cuisine – regarder les résultats – ajouter du sel – changer de train – écrire une liste des courses – aller au CDI

| ① **à l'école** | ② **à la gare** |
| --- | --- |
| | |
| | |
| | |
| | |
| | |
| | |
| **8** expressions | **7** expressions |

③ **dans la cuisine**

______

______

______

**7** expressions

△ **b** *Maintenant, utilise ces expressions pour raconter sur une feuille de papier (Blatt Papier) une petite histoire à l'école (①), à la gare (②)* ***ou*** *dans la cuisine (③). Raconte l'histoire au* ***passé composé****. Tu peux commencer ainsi (so):*

① Aujourd'hui, en cours de français, j'ai … ② Ce matin, à la gare, j'ai …
③ Cet après-midi, je suis allé(e) au supermarché …

## 7 La recette du cake aux fruits confits[1]

→ Parler

*Tu es en train de faire (Du machst gerade …) un cake au fruit confits pour* ***12 personnes****.*
*Tu as une recette pour* ***4 personnes****. Regarde les dessins et raconte ce qu'il te faut (…, was …) pour ton gâteau préféré. Tu as 5 minutes pour réfléchir (um nachzudenken) puis, présente ta recette.*

1 **un cake aux fruits confits** [ɛ̃kɛkofʀɥikɔ̃fi] ein englischer (Tee-)Kuchen mit kandierten Früchten – 2 **la farine** [lafaʀin] das Mehl – 3 **un œuf, des œufs** [ɛ̃nœf,dezø] ein Ei, Eier – 4 **la levure** [laləvyʀ] die Hefe

## 8 Sans mes parents

→ Parler

*Cette année, tu ne veux plus passer tes vacances avec tes parents. Tu veux partir avec tes copains. Ta mère / Ton père n'est pas d'accord. Tu discutes avec elle / lui. Travaillez à deux. Ta / Ton partenaire prend le rôle de ta mère / ton père. Regardez les dessins et imaginez un dialogue. Utilisez aussi les négations* ***ne ... pas non plus, ne ... plus, ne ... jamais, ne ... rien****. Vous avez 10 minutes de préparation et 5 minutes pour parler devant la classe.*

**Toi**

**Ta mère / Ton père**

## 9 Paris à pied et en métro

→ Parler

*Tu passes cinq jours à Paris. Tu veux visiter la ville et tu veux retrouver Lucas, un copain que tu as rencontré pendant tes dernières (letzten) vacances. Tu as noté ce que (was) tu vas visiter et faire le premier jour. Tu ne sais pas encore bien lire le plan du métro. Alors, tu demandes à un monsieur ou à une dame. Il / Elle va t'aider. Tu te trouves (du befindest dich) à la gare du Nord. Travaillez à deux. Ton partenaire prend le rôle du monsieur ou de la dame. Après, changez de rôle. Vous avez 10 minutes de préparation et 10 minutes pour parler.*

10.15 h: Triumphbogen
13.30 h: Treffen mit Lucas
vor dem Centre Pompidou
20.45 h: Pizza Essen
in Montparnasse-Bienvenüe

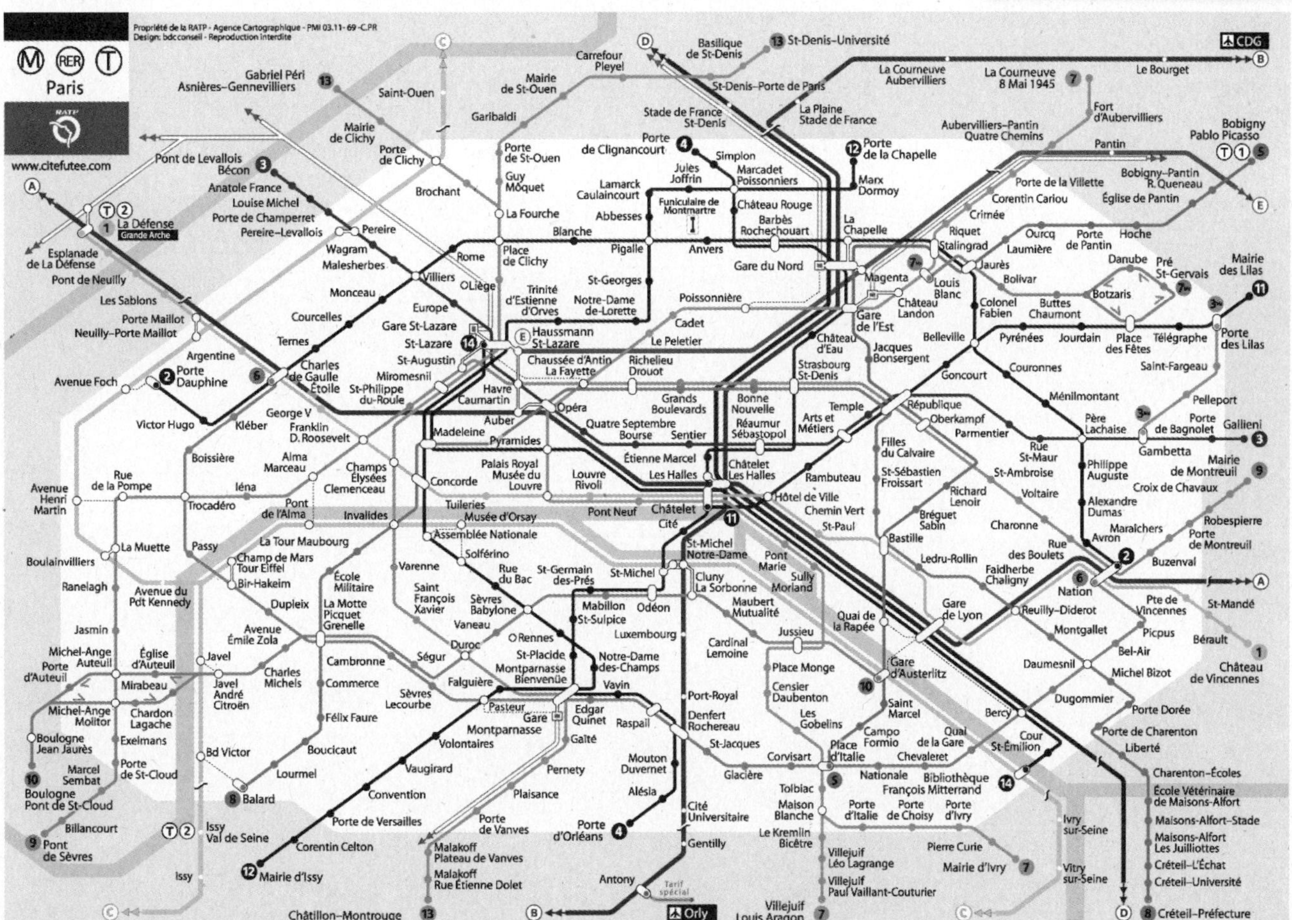

## 10 Assez d'argent de poche? △

→ Communiquer et écrire

*Tu es à table avec ta mère et ton corres français. Il ne comprend pas encore bien l'allemand. Ta mère veut lui poser des questions, mais elle ne parle pas français. Alors, tu fais l'interprète (du vermittelst **sinngemäß**).*

| Ta mère | Toi | Ton corres |
|---|---|---|
| Ich finde, die Jugendlichen bekommen [= haben] sehr viel Taschengeld, wie ist es bei dir? | 1. Ma mère trouve que ... | |
| | 2. Er bekommt ... | Moi, j'ai 15 € par[1] semaine … J'achète toujours des nouveaux CD de *Superbus* et de *Zarbi* et j'adore le cinéma. Alors, j'y[2] vais souvent! |
| Oh, wie geht denn das? Arbeitest du [nebenher]? | 3. | |
| | 4. | Mais oui, je vends des magazines. Et toi, tu as assez d'argent de poche? |
| | 5. Non, tu sais, je n'ai que[3] 10 € et je veux acheter un vélo … | |
| [Ich weiß, dein Taschengeld reicht dir nicht.] Du kannst mir in der Bäckerei helfen! Da gibt es immer viel Arbeit! | 6. | |
| | 7. Dazu habe ich keine Lust! … Je n'en[4] ai pas envie! | |
| | 8. | Mais tu peux travailler peut-être au supermarché le samedi? |
| Gute Idee! Dann kannst du [aber] nicht mehr bis *(= jusqu'à)*[5] Mittag schlafen! | 9. | |
| | 10. | Ah, les mères! Alors, demande chez «Albi»! |
| | 11. D'accord, demain je vais y aller! Promis! … O.k., Mama, morgen werde ich bei „Albi" fragen. Versprochen! | |

1 **par** [paʀ] pro – 2 **y** *(Pronomen)* [i] dort / dorthin – 3 **ne … que** [nəkə] nur – 4 **en** *(Pronomen)* [ɑ̃] *hier:* dazu – 5 **jusqu'à** [ʒyska]

Name: Klasse: Datum: **AUTO-ÉVALUATION II**

*Du blickst nun auf zwei Jahre Französischunterricht zurück! Mit dem vorliegenden Bogen kannst du wieder deine Fertigkeiten einschätzen. Gehe wie in der Auto-évaluation I vor und sei ehrlich!*

*Schreibe dann auf, was du dir für das dritte Lernjahr vornimmst und besprich es unbedingt vor Schuljahresende mit deinem/deiner Lehrer/in!*

| Ecouter | moi | autre |
|---|---|---|
| **Ich kann ...** | | |
| • kurze Gespräche zu einem bekannten Thema (Einkäufe, Zugfahrt, Diebstahl, Ferienaktivitäten) im Zusammenhang verstehen und wesentliche Informationen daraus entnehmen, wenn nicht zu schnell gesprochen wird. | | |
| • alltägliche, kurze Informationen den entsprechenden Fragen zuordnen. | | |
| • Detailinformationen aus den Gesprächen herausfiltern und Fragen mit Textstellen belegen, bzw. Aussagen ankreuzen *(vrai/faux/pas dans le texte)*. | | |
| • Äußerungen in eine Skizze umsetzten (Personenbeschreibung). | | |
| • unbekannte Wörter aus dem Kontext verstehen bzw. mithilfe anderer Sprachen erschließen. | | |
| • in einfachen Reimen bekannte Wörter erkennen und ergänzen. | | |
| • Wörter gleicher Laute mit unterschiedlicher Schreibung verstehen (z.B. *loin/Berlin/train/prochain*). | | |
| **Lire** | | |
| **Ich kann ...** | | |
| • Arbeitsanweisungen und Fragen zum Text verstehen, Textabschnitten Titel zuordnen. | | |
| • wesentliche Einzelheiten aus einfachen (authentischen) Texten mit meist bekanntem Vokabular entnehmen und unterscheiden *(vrai/faux/pas dans le texte)*. | | |
| • unbekannte Wörter/Ausdrücke im Textzusammenhang verstehen, wenn sie einfach zu erschließen sind (z.B. mithilfe anderer Sprachen). | | |
| • Synonyme und Gegenteile von Wörtern in einem Text finden. | | |
| • die Bedeutung von Abkürzungen erfassen. | | |
| **Communiquer et écrire** | | |
| **Ich kann ...** | | |
| • eine einfache Szene, einen Dialog verfassen; dabei benutze ich eine Bildvorlage/Stichworte. | | |
| • einen Lückentext grammatisch korrekt ergänzen (unregelmäßige Verben im Präsens und *passé composé*, Teilungsartikel, *devoir/il (me) faut*, Fragebegleiter, dir. und indir. Objektpronomen, Verneinungen), wenn mir das meiste Vokabular des Lückentextes bekannt ist. | | |
| • Aussagen ins Gegenteil umwandeln. | | |
| • Fragen zu Satzteilen in Aussagesätzen finden. | | |
| • Fragen stellen, wenn das Thema mir vertraut ist (Interview). | | |
| • vermitteln/weiterhelfen, wenn in einer Gesprächssituation kleine Sprachhindernisse auftreten (Sportergebnisse erfahren, *Fête de la Musique*). | | |
| **Parler** | | |
| **Ich kann ...** | | |
| • nach kurzer Vorbereitungszeit in einfacher Form mich mitteilen: im Präsens oder *passé composé* Angaben zu meiner Familie, meinen Interessen/(Sport-)Aktivitäten, meinen Gewohnheiten, zu Personen machen, nach dem Weg fragen. | | |
| • in einfacher Form erklären, wie zu einem bestimmten Thema Informationen beschafft werden können. | | |
| • in einfacher Form eine Geschichte erzählen, dabei steht mir eine Bildvorlage zur Verfügung (BD). | | |
| • nach kurzer Vorbereitungszeit eine Rolle übernehmen und mit einem/r Partner/-in Dialoge erarbeiten (zu den Themen Familie, Freizeitaktivitäten, Alltagsgewohnheiten). | | |
| • bei einem Streit Zugeständnisse machen und mich mit meinem/r Gesprächspartner/-in einigen. | | |
| • Sätze und Satzteile durch Bindewörter logisch verknüpfen *(d'abord, puis, après, mais, et, ...)*. | | |

## 1 Mais quelle journée! (Bayern)

→ Lire et écrire

**a** *Ce matin, Marc a eu quelques problèmes au collège avec les profs. Regarde les dessins et imagine ce que (was) les profs ont pu dire. Ecris-le sous chaque dessin. Choisis le verbe correct* ***(dormir, répondre, mettre trop fort, parler)****. Utilise* ***l'impératif négatif****.*

1. ______ 2. ______ 3. ______ 4. ______

**b** *A 17 heures, Marc arrive à la maison. Aujourd'hui, ses parents rentrent tard … et Marc a encore beaucoup de travail. Lis les notes sur le frigo et écris les phrases à* ***l'impératif****. Remplace les mots* ***en gras*** *par des* ***pronoms*** *ou modifie (ändere) ce pronom.*

1. Fais-les avant sept heures.
2. ______
3. ______
4. ______
5. ______
6. ______
7. ______

## 2 Pas de stress pendant le week-end! (Bayern, Hamburg, Hessen)

→ Lire et écrire

*Lis ce qui arrive (was passiert) tous les week-ends chez les Vadim.*
*Complète le texte avec* ***les verbes pronominaux****.*

– Samedi matin, je ______ *(se lever)* à 8 h 30. Dans la salle de bains, je ______ *(se doucher)* et je ______ *(s'habiller)*. Vers 9 h 30, mes enfants ______ *(se réveiller)*. Mais ils ______ *(ne pas se lever)* tout de suite.

Puis, ma grande fille va dans la salle de bains. Elle ______ *(se regarder)* dans la glace et ______ *(se coiffer)* pendant un quart d'heure! Je ______ *(s'énerver)* un peu alors je demande: «Les filles, vous ______ *(s'occuper)* du café bientôt? Et toi, fiston[1], tu ______ *(ne pas s'occuper)* de la table?» Il répond: «Mais si, papa, tu ______ *(se calmer)*? Nous ______ *(ne pas se dépêcher)*, c'est le week-end! Nous allons prendre notre petit-déjeuner dans 10 minutes!»

Les enfants ont raison, il ne faut pas ______ *(se stresser)*[2] le week-end!

1 **un fiston** *(fam.)* [ɛ̃fistɔ̃] ein Söhnchen *(ugs.)* – 2 **se stresser** [səstʀese] sich stressen

## 3 Les vacances de rêve (Hamburg, Hessen, Rheinland-Pfalz)

→ Lire et écrire

**a** *Quatre jeunes parlent de leurs vacances préférées. Lis les petits textes et complète-les avec les pronoms relatifs* ***qui, que*** *et* ***où****.*

**1.** *Luc:* Moi, je préfère aller dans un camp de vacances ________ on propose beaucoup d'activités ________ je peux partager avec d'autres jeunes. Je veux rencontrer des jeunes ________ aiment le sport comme moi. J'adore les sports ________ on joue en équipe. Le foot est le sport ________ j'aime le plus!
Et dans les centres de vacances, il y a des fêtes ________ on peut rencontrer des filles.

**2.** *Christine:* Moi, je veux aller en Bretagne pour faire du camping avec ma copine ________ a une nouvelle tente. Nous adorons passer nos vacances sur les plages ________ on peut faire du camping. Nous cherchons un endroit[1] ________ on peut nager et faire des promenades. Nous voulons aussi rencontrer beaucoup de jeunes ________ ont notre âge.

**3.** *Marine:* Moi, j'aime passer mes vacances dans les grandes villes ________ il y a beaucoup de magasins.
J'adore faire du shopping et je préfère les boutiques ________ vendent des fringues de marque[2].
Je peux passer des heures dans une boutique avec ma copine ________ adore aussi la mode.

**4.** *Claude:* Ben, je préfère rester à la maison ________ je peux travailler à l'ordinateur. Le hobby ________ j'aime beaucoup, c'est la photographie[3]. J'ai un appareil photo ________ mes parents m'ont offert. J'aime faire des recherches sur Internet ________ je trouve beaucoup d'informations sur mon sujet préféré.

△ **b** *Le corres allemand de Luc a compris ce que (was) les jeunes ont raconté. Il a encore des propositions (Vorschläge) pour leurs vacances de rêve. Luc qui comprend déjà très bien l'allemand traduit (übersetzt).*

| Le corres allemand | Luc à ses copines / à son copain |
|---|---|
| 1. – Christine soll [dann] auch nach Saint-Malo gehen, **wo** man [super] Mountainbike fahren kann! | – Christine doit … |
| 2. – Marine kann nach Berlin kommen. Da gibt es auch tolle Läden, **die** Markenklamotten verkaufen! | – |
| 3. – Claude hat ein interessantes Hobby, **das** er [doch] mit anderen Jugendlichen teilen kann. Kennt er keinen Club, **wo** man [es] lernen kann und zusammen Fotos macht? | – |

1 **un endroit** [ɛ̃nɑ̃dʀwa] eine Stelle – 2 **les fringues** *(f., fam.)* **de marque** [lefʀɛ̃gdəmaʀk] die Markenklamotten *(ugs.)* – 3 **la photographie** [lafɔtɔgʀafi] die Fotografie

## 4 Les voisins △ (Hessen, Rheinland-Pfalz) → Ecrire

*M. Dupont et M. Durand sont voisins. Ils aiment beaucoup comparer leurs maisons, leurs voitures … et même (sogar) leurs familles! Regarde les deux parties (Teile) du dessin. Prends une feuille de papier (ein Blatt Papier) et compare les deux voisins. Utilise (Verwende) les adjectifs dans l'encadré (Kasten) à la forme du comparatif ou du superlatif **(plus … que, moins … que, aussi … que, le/la/les plus …, le/la/les moins …)**. Formule (Formuliere) huit phrases.*

| petit | grand | mince | gros | cher | haut | jeune | idiot |
|---|---|---|---|---|---|---|---|

famille Durand famille Dupont

## 5 Ils en viennent ou ils y vont? (Berlin, Brandenburg, Rheinland-Pfalz) → Lire et écrire

*Louise de Saint-Malo passe ses vacances à Paris chez son oncle et sa tante. Elle écrit un e-mail à sa corres Kathrin. Elle lui décrit la vie à Paris. Lis bien le texte et complète-le avec les pronoms **y** ou **en**.*

Salut, Kathrin!

Je suis à Paris depuis une semaine. Mon oncle Patrick _____ habite depuis deux ans. Il travaille dans un grand magasin. Sa femme _____ travaille aussi mais elle, elle veut _____ partir. Elle veut quitter Paris. Elle aime la mer, surtout la Bretagne et Saint-Malo. Elle _____ vient, c'est normal! Elle veut _____ retourner. Mais mon oncle n'est pas d'accord. Saint-Malo, il aime bien aussi. Ma tante et lui _____ passent leurs vacances chez des amis. Ils _____ rigolent beaucoup et _____ partent souvent un peu tristes. Mais lui, il dit que sa vie est à Paris! Il adore sa rue et son quartier. Il _____ connaît tout le monde. Hier matin, je suis allée avec lui au marché. Il _____ a rencontré tous ses copains et nous _____ sommes rentrés à une heure. Comme avec maman au marché de Saint-Malo! Moi aussi, j'aime bien Paris … mais je ne ne veux pas _____ vivre. Les gens _____ sont trop stressés. Le métro surtout, c'est l'horreur. Mais pour les vacances et le shopping, c'est génial. On _____ trouve des petits magasins super. Et … on _____ sort avec des très gros sacs … et un très petit portefeuille.

Bises et à bientôt.
Louise

## Empfehlungen zur Leistungsbeurteilung

Die Standardaufgaben sind in doppelter Hinsicht ein Instrument zum Leistungsvergleich und zur Qualitätssicherung. Zum einen können sie die Schülerinnen und Schüler zur Ermittlung des eigenen Leistungsstands anregen, zur **Erfassung von bereits erworbenen Fertigkeiten**, aber auch zur **Feststellung von Defiziten und zur Reflexion über mögliche Strategien zum Defizitausgleich**. Sie tragen dadurch nicht zuletzt zur Aufrechterhaltung der Motivation bei.

Zum andern sind sie den Lehrerinnen und Lehrern bei der **Qualitätssicherung und der Beurteilung der Schülerleistungen** hilfreich. Qualitätssicherung bedeutet, dass die Schülerleistungen nicht nur innerhalb der Lerngruppe beurteilt und verglichen werden, sondern auch in Bezug gesetzt werden zu allgemeingültigen Leistungsanforderungen wie sie in den Kompetenzbeschreibungen (Standards) vorliegen.

Festgestellt soll werden, in welchem Grade die einzelne Schülerin, der einzelne Schüler diese Kompetenzen erfüllt, ob sie voll, größtenteils, in geringem Maße oder aber (noch) nicht erfüllt werden. Das Ergebnis dieser Überprüfung unterscheidet sich grundlegend von der Leistungskurve einer „üblichen" Klassenarbeit.

Sie stellen z.B. fest, dass die Mehrheit Ihrer Schülerinnen und Schüler im Bereich *Lire et écrire* die Leistungsanforderungen größtenteils erfüllen, dagegen im Bereich *Communiquer et écrire* wesentlich weniger. Das gute Ergebnis im Bereich *Lire et écrire* motiviert ihre Schülerinnen und Schüler. Das weniger gute im Bereich *Communiquer et écrire* gibt Anlass zur Reflexion über **mögliche Strategien zur Beseitigung der Defizite**.

Da die Gewichtung der erbrachten Schülerleistung von sehr vielen Komponenten abhängig ist, u.a. von den in den einzelnen Bundesländern recht unterschiedlichen Rahmenbedingungen wie dem Lernalter und der zur Verfügung stehenden Wochenstundenzahl, können für die Leistungsbeurteilung nur **Hinweise für die Notenfindung** gegeben werden. Dies gilt in besonderem Maße für die **Festsetzung des Schwellenwertes**. Es sollte bedacht werden, inwieweit die Aufgaben auf das Lehrwerk abgestimmt sind und in welchem Umfang sie Transferleistungen erfordern oder ob die Standards lehrwerkunabhängig überprüft werden (wie in den DELF-Prüfungen).

Die Standardaufgaben dieses Heftes verlangen stärker als im ersten Heft **Transferleistungen**, z.B. durch die Erweiterung des Personenkreises, der Handlungselemente und der Situationen. (Erfahrungsgemäß werden mit der Zunahme der Transferleistung auch die Bearbeitungszeiten länger und müssen entsprechend erhöht werden.) Hinzu kommt, dass bei einem Teil der geschlossenen Aufgaben, wie z.B. allen Mehrfachwahlaufgaben, auch die Zahl und Wahl der Distraktoren variieren und berücksicht werden sollten.

Wir empfehlen wie in Heft 1 bei offenen und geschlossenen Aufgaben unterschiedlich zu verfahren.

Für die **offenen (komplexen) Aufgaben**, die insbesondere die Bereiche *Communiquer et Ecrire* und *Parler* betreffen, wird jeweils die kommunikative Qualität (kommunikative Kompetenz) und die linguistische Qualität berücksichtigt.

Die **Fähigkeit zu kommunizieren** wird dabei nach Kriterien wie

- Erfüllung der inhaltlichen Vorgaben,
- Situationsangemessenheit und Eigenständigkeit bzw. Risikobereitschaft

erfasst;

die **linguistische Qualität** nach Kriterien wie

- Korrektheit und Komplexität der Strukturen,
- Präzision und Varianz des Wortschatzes.

Im Kompetenzbereich *Parler* kommt die **phonologische Qualität** (Korrektheit der Aussprache, Intonation und Flüssigkeit) hinzu. Die Kriterienkataloge zu zusammenhängendem und dialogischem Sprechen (vgl. S. 60 und 61) enthalten transparente und nachvollziehbare Kriterien für die eigene mündliche Sprachleistung.

Wir empfehlen auf der Sekundarstufe I für offene Aufgaben unter Berücksichtigung dieser Kriterien eine **ganzheitliche** Beurteilung.

Denkbar ist aber auch hier eine Beurteilung nach Punkten wie es z.B. bei den DELF-Prüfungen geschieht.

Für die **geschlossenen** und **halb offenen Aufgaben**, die gezielt Teilkompetenzen und -fertigkeiten betreffen, kann die Beurteilung hier über die **Vergabe von Punkten** erfolgen. Die Noten bzw. der Schwellenwert können dann über das Verhältnis von erreichten zu erreichbaren Punkten, also **prozentual** festgelegt werden.

Der unterschiedliche Stand der Entwicklung in den einzelnen Bundesländern und die Notwendigkeit der Qualitätssicherung machen es den Fachkonferenzen zur Aufgabe, gemeinsam mit den anderen modernen Fremdsprachen die Verfahren zur Leistungsbeurteilung zu diskutieren und eine möglichst breite Abstimmung anzustreben.

# Parler: Zusammenhängendes (Monologisches) Sprechen

*Du findest in jeder Lektion Aufgaben zum Kompetenzbereich „Parler". Lies dir in den Spalten I und II die Tipps durch. Sie geben dir Hinweise für deine Notizen und helfen dir beim Vortragen. In den anschließenden Tabellen (III) wird aufgelistet, nach welchen Kriterien dich dein Lehrer/deine Lehrerin beurteilt.*

## I Vorbereitung

1. **Sammle** deine Ideen zum Thema.
2. **Notiere** keine Sätze, sondern Stichworte.
3. **Ordne** deine Ideen so, dass dein Zuhörer[1] deinen Gedankengang leicht nachvollziehen kann.
4. Denke an die **Reihenfolge** des Erzählten und **gliedere** sie durch *d'abord, puis, alors, avant, après ...*
5. **Erstelle** entsprechende **Notizen**. Diese Aufzeichnungen können dir helfen, wenn du ins Stocken kommst.
6. **Überlege**, welches konkrete **Beispiel** deine Gedanken verdeutlichen kann.
7. Benutze Ausdrücke der Zeit/des Ortes *(ce matin, hier/au collège, à Paris, ... )*, Adjektive *(beau, bon, fier ...)*; verknüpfe Wörter und Wortgruppen durch Bindewörter *(et, ou, mais, parce que, ...)*
8. Bereite den **Anfang** gut vor!

## II Durchführung

- **Sprich laut** und **langsam genug**, damit dich dein Zuhörer gut verstehen kann, artikuliere sorgfältig.
- **Schaue deinen Zuhörer** (immer wieder) **an!**
- **Achte** z. B. **auf den Gesichtsausdruck deines Zuhörers.** Er kann dir zeigen, ob du verstanden wirst/ob ein Verständigungsproblem beseitigt werden muss.
- Wenn du ein Wort suchst, **umschreib** es: *«C'est un peu comme ...», «C'est le contraire de ...»,* oder: *«Je cherche le mot pour ...», «Je ne sais plus le mot pour ...», «J'ai oublié le mot pour ... », «En anglais, c'est ... mais en français, je ne sais pas.».*
- **Behalte**, bei welchem Problem auch immer, den **Kontakt zu deinem Zuhörer**. Er ist interessiert und wird immer versuchen, dich zu verstehen.

[1] Im Folgenden wird aus Gründen der Lesbarkeit nur die männl. Form verwendet, die weibl. Form ist immer mitgemeint.

## III Kriterien zur Beurteilung

### 1. Fähigkeit zusammenhängend zu sprechen

| | Stufe 1* | Stufe 2** | Stufe 3*** |
|---|---|---|---|
| **Erfüllung der Aufgabenstellung** | Vorgaben zum Thema sind erfüllt und z. T. **eigenständig** umgesetzt | Vorgaben zum Thema werden inhaltlich erfüllt und **einfach** umgesetzt | Vorgaben zum Thema werden **sehr einfach** umgesetzt |
| **Aufbau und Verständlichkeit** | **klar** und einprägsam und anschaulich; es werden **einfache textgliedernde Wörter** richtig verwendet | **nachvollziehbar**; wird durchgängig verstanden; es werden **sehr einfache textgliedernde Wörter** verwendet | **Fehler beeinträchtigen** manchmal **die Verständlichkeit**; es werden **kaum textgliedernde Wörter** verwendet |
| **Interaktion** (= Wechselbeziehung Sprecher / Zuhörer) | hält den **Kontakt** zu den Zuhörern durchgängig und (recht) **flexibel** aufrecht | **stützt sich** hin und wieder **auf** die **Notizen** | **hält sich starr an die Notizen** |

### 2. Fähigkeit sich auf Französisch auszudrücken (Richtigkeit und Abgestuftsein)

| | Stufe 1* | Stufe 2** | Stufe 3*** |
|---|---|---|---|
| **Aussprache** | nur **leichte** gelegentliche **Ungenauigkeiten** | **Unsicherheiten** in der Aussprache **beeinträchtigen kaum die Verständlichkeit** | mehrere **Fehler beeinträchtigen ab und zu die Verständlichkeit** |
| **Sprechfluss** | überwiegend flüssig | relativ flüssig | etwas stockend |
| **Wortschatz** | der Wortschatz wird **angemessen** wiederverwendet | **einfacher** Wortschatz; es gelingt, durch Umschreibungen Schwierigkeiten Ausdruck zu überwinden | **sehr einfacher**, nicht immer zutreffender Wortschatz, häufige **Wiederholungen** |
| **Sprachmuster** (= grammatische Strukturen / Sätze) | einfache und etwas kompliziertere grammatische Strukturen werden **fast immer sicher** gebildet, manchmal auch in neuem Zusammenhang | einfache grammatische Strukturen werden **relativ sicher** gebildet, kompliziertere enthalten zwar Fehler, bleiben aber verständlich | eine **größere Zahl von Fehlern** beeinträchtigt teilweise auch die Verständlichkeit |

* Stufe 1: Anforderungen voll erfüllt.
** Stufe 2: Anforderungen größtenteils erfüllt.
*** Stufe 3: Anforderungen in geringem Maße erfüllt. Stufe 3 entspricht noch den Anforderungen.

# Parler: Dialogisches Sprechen

*Ihr wisst bereits, welche Hilfen bei der Vorbereitung und Durchführung eines gesprochenen Vortrags nützlich sind. Lest nun durch, wie ihr ein lebendiges Gespräch führen könnt. In Abschnitt III werden Kriterien aufgelistet, nach denen euer Lehrer/eure Lehrerin euren Dialog beurteilt.*

## I Vorbereitung

1. **Sammelt Ideen** zu dem entsprechenden Thema.
   **Notiert** sie **in Stichworten**:
   Wie könnte **der Aufbau** zu der Szene aussehen?
   Wer übernimmt welche Rolle?
   Welche Charaktereigenschaften haben die Personen (ruhig, nervös, geduldig)?
   Welche Beziehung haben sie zueinander *(copain/copine, corres, mère/fille, père/fils, tante/oncle, …)*?
2. Überlegt euch die **„Dramaturgie“** des Dialogs:
   Wie ist die Situation am Anfang?
   Wie entwickelt sie sich?
   Welchen (realistischen) Schluss hat sie?
3. **Bereitet** die wichtigsten **Teile des Dialogs vor**.
4. **Übt den Dialog**, vor allem den 1. Satz einer jeden Rolle.

## II Durchführung

- **Sprecht laut** und deutlich, damit euch eure Zuhörer[1] gut verstehen können.
- **Schaut euch** beim Sprechen **an** und spielt eure Rolle möglichst natürlich (Mimik, Gestik).
- **Verwendet** die für einen Dialog **typischen Redewendungen** (*«Tiens!»*, Kurzformen wie *«Moi aussi!»*, *«D'accord!»*, …).
- **Wartet, bis** euer Gesprächspartner seinen **Satz zu Ende** gesprochen hat.
- Benützt eure **Notizen als** (gegenseitige) **Stütze. Helft** eurem **Gesprächspartner**, wenn er ins Stocken kommt.
- Setzt dann den Dialog fort, **wiederholt den Satz** laut. Lasst euch den „Patzer“ nicht anmerken, überspielt die kritische Situation. Manchmal merkt der Zuhörer nichts davon!

## III Kriterien zur Beurteilung

### 1. Fähigkeit einen Dialog zu führen

| | Stufe 1* | Stufe 2** | Stufe 3*** |
|---|---|---|---|
| **Erfüllung der Aufgabenstellung** | Vorgaben zum Thema werden erfüllt und **situationsgemäß** umgesetzt | Vorgaben zum Thema werden größtenteils erfüllt und **einfach** umgesetzt | Vorgaben zum Thema werden **sehr einfach** umgesetzt |
| **Aufbau und Verständlichkeit** | der einzelne Gesprächspartner führt den Dialog **natürlich** und lebendig fort; es werden **einfache textgliedernde Wörter** richtig verwendet | der Gesprächspartner trägt zur Fortführung des Dialogs bei; er **wird verstanden**; es werden **sehr einfache textgliedernde Wörter** richtig verwendet | **Fehler beeinträchtigen die Verständlichkeit** und den Fortgang des Dialogs; es werden **kaum textgliedernde Wörter** verwendet |
| **Interaktion** (= Wechselbeziehung Sprecher/Zuhörer) | der einzelne Gesprächspartner reagiert **recht flexibel** auf Anregungen des Partners; er gibt dem Dialogpartner ggf. **gezielt und situationsgemäß Hilfestellung** | der einzelne Gesprächspartner muss hin und wieder **auf die Aufzeichnungen zurückgreifen**; er gibt dem Dialogpartner **angemessen Hilfestellung** | der einzelne Gesprächspartner **hält sich** starr **an die Notizen**; er **reagiert wenig** auf die Stichworte des Dialogpartners; er kann **kaum Hilfestellung** geben |

### 2. Fähigkeit sich auf Französisch auszudrücken (Richtigkeit und Abgestuftsein)

Vgl. „Zusammenhängendes Sprechen“.

1 Im Folgenden wird aus Gründen der Lesbarkeit nur die männl. Form verwendet, die weibl. Form ist immer mitgemeint.

* Stufe 1: Anforderungen voll erfüllt.
** Stufe 2: Anforderungen größtenteils erfüllt.
*** Stufe 3: Anforderungen in geringem Maße erfüllt. Stufe 3 entspricht noch den Anforderungen.

## LEÇON 1

### 1 Les copains de Lucie
**Schwerpunkte: a + b** einfache, medial vermittelte Texte verstehen (Global- und Detailverständnis zum Bereich „Sportarten/Freizeit"; **b**-Teil: selektives Hören)
**Aufgabentyp: a + b** geschlossene Aufgabenteile zum Hörverstehen; **a** Mehrfachwahlaufgabe, Text/Bildzuordnung (Sportpikto-gramme); **b** Mehrfachwahlaufgabe
**Zeitaufwand:** ca. 8 Min. (beide Teile), es wird insgesamt zweimal vorgespielt
**Lösungen: a** Frédéric: canoë, natation; Simon: surf, tennis; Clément: VTT, cheval, danse
**b message nº 1:** 1. Calais; 2. mercredi à 10 h 00;
**message nº 2:** 1. son frère et des copains; 2. à 20 h 30;
**message nº 3:** 1. une semaine; 2. dans un camp de vacances; 3. génial

### 2 Petites annonces
**Schwerpunkte: a + b** Leseverstehen (Kleinanzeigen) mit überwiegend bekanntem Sprachmaterial (Redemittel der L 1: Freizeit, Urlaub, Sportarten); Erschließen von unbekanntem Wortschatz
**Aufgabentyp:** Überprüfung des Globalverständnisses: **a** Fragenkatalog; Worterschließung; **b** Mehrfachwahlaufgabe *(vrai/faux)*; geschlossene Aufgabenteile
**Zeitaufwand:** ca. 20 Min. (beide Aufgabenteile)
**Lösungen und Lösungsvorschläge: a** 1. le cheval, le surf/faire du cheval, faire du surf; 2. die Atlantikküste; 3. de rugby; 4. eine Mannschaft/ein Team; 5. du tennis, de la voile, des randos/du sport; 6. ein Tennisplatz; 7. une rando en VTT; 8. an Bord eines Segelschiffes/auf einem Segelschiff
**b** 1. faux/pas dans le texte; 2. faux; 3. faux; 4. vrai; 5. vrai; 6. pas dans le texte; 7. pas dans le texte; 8. faux

### 3 Les Nobel au bord de l'eau
**Schwerpunkte:** einfache Szenen stilllesend verstehen; gram. Kompetenz: die Objektpronomen *me/te/nous/vous*
**Aufgabentyp:** Lückentext; geschlossene Aufgabe
**Zeitaufwand:** ca. 5 Min.
**Lösungen:** ① nous; vous; nous; ② te; m'; te; ③ me; te; vous; nous

### 4 Vouloir n'est pas pouvoir!
**Schwerpunkte:** gram. Kompetenz: Differenzierung der Verben *pouvoir/vouloir*; **kein Abzug** bei Mehrfachlösung, wenn die korrekte Form des Verbs verwendet wurde.
**Aufgabentyp:** Lückentext; geschlossene Aufgabe
**Zeitaufwand:** ca. 8 Min.
**Lösungen:** 1. peux; veulent; veulent; pouvez; voulez
2. peut; veut; veux/peux; veut
3. pouvons; voulons; pouvez; peuvent; voulez; peux

### 5 Se présenter
**Schwerpunkt:** zusammenhängendes Sprechen (in eigener Sache); Auskunft über die eigene Person geben (Wdh. der Redemittel aus dem 1. Lernjahr)
**Aufgabentyp:** halb offene Aufgabe (Stichwortimpulse vorgegeben)
**Zeitaufwand:** ca. 5 Min. (ohne Vorbereitungszeit)
**Lösungsvorschläge:** *vgl. Hinweise auf S. 60*

### 6 Ou'est-ce qu'ils font pendant les vacances?
**Schwerpunkte: a** zusammenhängend sprechen (Monolog); **b** einen Dialog führen
**Aufgabentyp: a** (halb) offene Aufgabe, gelenkt durch Stichwort- und Bildimpulse; **b** (halb) offene Aufgabe, vorentlastet durch Vok. aus dem **a**-Teil, gelenkt durch Frageimpulse
**Zeitaufwand (Vorbereitung):** ca. 5 Min. (Angabe pro Teilaufgabe)
**Lösungsvorschläge:** *vgl. Hinweise auf S. 60 und 61*

### 7 Au camping d'Arcachon
**Schwerpunkte:** lex. und gram. Kompetenz: Integration und Transfer der Redemittel der L 1; Informationen über Aktivitäten einholen; die Verben *vouloir* und *pouvoir*, die Objektpronomen; Schreibkompetenz: einen durch muttersprachliche Impulse gesteuerten Dialog erstellen
**Aufgabentyp:** zweisprachige, halb offene Aufgabe
**Zeitaufwand:** ca. 20 Min.
**Lösungsvorschläge:**
1. Bonjour, monsieur. Qu'est-ce qu'on peut faire à Arcachon?
2. Bonjour! Vous pouvez faire de la voile ou des randos en canoë si vous aimez le sport.
3. Oui, nous aimons/on adore le sport. Est-ce qu'on peut faire aussi du VTT? Ça nous intéresse beaucoup.
4. Je ne sais pas. Je préfère passer mes journées au bord de l'eau.
5. Ma mère et ma sœur adorent le shopping. Est-ce qu'elles peuvent aussi faire du shopping à Arcachon?
6. Mais oui! Si elles veulent, elles peuvent aller en ville avec ma femme. Moi, le shopping, ça ne m'intéresse pas!
7. Merci, c'est vraiment très gentil! Mon père veut nager un peu. Est-ce que vous pouvez nous montrer la plage du camping, s'il vous plaît?
8. Ça, c'est une idée! J'adore la natation! Alors, je vais chercher mon maillot de bain maintenant!
9. Génial! Merci, monsieur!

## LEÇON 2

### 1 Un voleur dans le camp?
**Schwerpunkte: a** Globalverständnis; Informationen aus einem Hörtext entnehmen; **b** Detailverständnis; selektives Hören
**Aufgabentyp:** Hörverstehensaufgabe; **a** Fragen beantworten; **b** Mehrfachwahlaufgabe
**Zeitaufwand:** ca. 5 Min., es wird einmal vorgespielt (pro Aufgabenteil)
**Lösungen:**
**a** 1. son/le portable; 2. Rémi; **b** 1. Elodie; 2. montée dans les rochers; 3. du volley avec Sébastien; 4. a joué sur la plage; 5. n'a rien fait; 6. dans son anorak (**kein Abzug** bei unkorrekter Schreibung)

### 2 Ecoute bien!
**Schwerpunkt:** bedeutungsrelevante Laute erkennen und unterscheiden
**Aufgabentyp:** Hörverstehensaufgabe; geschlossene Mehrfachwahlaufgabe *(vrai/faux)*; auf DELF vorbereitend
**Zeitaufwand:** ca. 8 Min., es wird zweimal vorgespielt
**Lösungen:**

| | | | | |
|---|---|---|---|---|
| 1. | Ecoute-moi! | ☒ | Ecoutez-moi! | ☐ |
| 2. | Ce n'est pas fait, Léa! | ☐ | Ce n'est pas vrai, Léa! | ☒ |
| 3. | Je fais les courses. | ☒ | J'ai fait les courses. | ☐ |
| 4. | Ah, c'est la mer! | ☐ | Ah, c'est sa mère! | ☒ |
| 5. | Je veux manger une glace. | ☒ | Je vais manger une glace. | ☐ |
| 6. | Ils ont quatre enfants? | ☒ | Ils sont quatre enfants? | ☐ |
| 7. | Tout va bien? | ☐ | Tu vas bien? | ☒ |
| 8. | Il achète un cadeau. | ☐ | Ils achètent un cadeau. | ☒ |
| 9. | A la fin, elle est là. | ☐ | Enfin, elle est là. | ☒ |
| 10. | Ils ont trouvé le portable. | ☒ | Ils vont trouver le portable. | ☐ |
| 11. | Farid et David vont rentrer au camping. | ☐ | Farid et David sont rentrés au camping. | ☒ |
| 12. | Théo a accusé Morgane. | ☐ | Théo va accuser Morgane. | ☒ |
| 13. | Alice et Céline sont allées au cinéma. | ☒ | Alexis et Céline sont allés au cinéma. | ☐ |

### 3 M. Saittout sait tout.
**Schwerpunkte: a + b** Global- und Detaiverständnis eines lehrwerkunabhängigen Textes; mit erschließbarem Wortschatz umgehen


Klettbuch 523932 Tous ensemble 2, Standardaufgaben. 

**Aufgabentyp: a** Fragenkatalog; halb offene Teilaufgabe;
**b** Mehrfachwahlaufgabe *(vrai/faux);* geschlossener Aufgabenteil
**Zeitaufwand:** ca. 15 Min.
**Lösungen und Lösungsvorschläge:**
**a** 1. a M. Vitemain; b M. Sansappartement; c Mme Aimediscuter; 2. ein Bericht; 3. M. Vitemain et Mme Aimediscuter; 4. Parce qu'il a un hamster et un hamster a peur des chiens/ les hamsters ont peur des chiens.
**b** 1. faux; 2. vrai; 3. pas dans le texte; 4. faux; 5. pas dans le texte; 6. vrai; 7. M. Vitemain; parce que M. Lamaison n'est pas rentré de son bureau dans l'après-midi.

### 4 Tout est bien qui finit bien.
**Schwerpunkte:** gram. Kompetenz: regelmäßige und unregelmäßige Verben im *passé composé,* bejaht und verneint; Adverbien der Verneinung *(ne … pas encore, ne … rien);* Stellung der Adverbien im bejahten und verneinten Satz *(encore, bien)*
**Aufgabentyp:** Lückentext; geschlossene Aufgabe
**Zeitaufwand:** ca. 15 Min.
**Lösungen:**
1. Justine **a passé**; Elles **sont allées**; A midi, Marc **a demandé**; Vous **avez mangé**?
*Léa:* Non, nous **n'avons pas encore mangé**, je **n'ai rien acheté**;
parce qu'on **a volé**; D'abord, ils **ont interrogé**; Mais ils **n'ont rien trouvé**. Puis, Justine, Léa et Marc **ont cherché**; Marc **a retrouvé**;
*Léa:* Les voleurs **n'ont pas pris**; ils **ont volé;**
Alors, Justine et Marc **ont acheté**; ils **ont partagé;**
2. les filles **ont raconté;**
*La mère de Léa:* tu **as eu** de la chance; Tu **n'es pas tombée;** vous **êtes bien rentrées**; tu **es allée?**

### 5 Un week-end à Paris
**Schwerpunkt:** zusammenhängendes/berichtendes Sprechen im *passé composé:* Ausdrücken von Gefühlen über einen Parisaufenthalt (Wiedererkennen und Benennen von Sehenswürdigkeiten)
**Aufgabentyp:** halb offene Aufgabe nach vorgegebenen Impulsen in Wort und Bild
**Zeitaufwand (Vorbereitung):** ca. 10 Min.
**Lösungsvorschläge:** *vgl. Hinweise auf S. 60*

### 6 Trouve les différences.
**Schwerpunkte:** zusammenhängendes/beschreibendes Sprechen im *présent* und *passé composé*: Benennen von 5 Unterschieden bei zwei ansonsten identischen Zeichnungen *(hier* vs. *aujourd'hui)*
**Aufgabentyp:** offene Aufgabe nach vorgegebenen Bildimpulsen
**Zeitaufwand (Vorbereitung):** ca. 10 Min.
**Lösungsvorschläge:** *vgl. Hinweise auf S. 60*

### 7 Mon frère est blessé.
**Schwerpunkte:** lex. und gram. Kompetenz: Integration und Transfer der Redemittel der L 2; korrektes Anwenden der Zeiten *(présent, passé composé, futur composé),* Adverbien der Verneinung; Schreibkompetenz: einen durch muttersprachliche Impulse gesteuerten Dialog erstellen
**Aufgabentyp:** zweisprachige, halb offene Aufgabe
**Zeitaufwand:** ca. 15 Min.
**Lösungsvorschläge:**
1. Bonjour, c'est [Vornamen und Namen]! Nous sommes sur la plage de Saint-Malo./Je suis sur la plage de Saint-Malo avec ma famille. Il y a un blessé.
2. Vous êtes où sur la plage? Et qui est le blessé?
3. Nous sommes dans les rochers. Le blessé est mon frère.
4. Où est-ce qu'il a mal?
5. Il a mal au dos. Et, … monsieur, mon frère a mal à la jambe aussi!
6. Est-ce que la jambe est cassée?
7. Je ne sais pas! Mais j'ai peur par ce qu'une fille a poussé mon frère et il est tombé dans les rochers.
8. Bon, le médecin va être là tout de suite. Il va regarder la jambe et le dos! Au revoir!
9. Merci beaucoup, monsieur! Au revoir!

## LEÇON 3

### 1 «Shopping-minute»
**Schwerpunkte: a** Globalverständnis; **b** Detailverständnis; Wörter aus dem Kontext erfassen; Informationen aus einem Hörtext entnehmen
**Aufgabentyp: a** Mehrfachwahlaufgabe
**b** Aussagen auf ihre Richtigkeit überprüfen *(vrai/faux/pas dans le texte)*; geschlossene Aufgabenteile
**Zeitaufwand:** ca. 12 Min., es wird pro Teilaufgabe einmal vorgespielt
**Lösungen:**
**a** 1. une émission de radio; 2. parle des bonnes affaires pendant les soldes; 3. on écoute les trois règles d'or; on peut regarder les infos sur Internet
**b** 1. vrai; 2. vrai; 3. faux; 4. faux; 5. vrai; 6. faux; 7. pas dans le texte; 8. pas dans le texte
**Schwerpunkte: c** 1. Teilschritt: Detailverständnis; Informationen aus dem Hörtext des **a**-Teils entnehmen; Schreibkompetenz: Formulieren von medial vermittelten Ratschlägen/ Empfehlungen
2. Teilschritt: Globalverständnis; Transfer des im 1. Teilschritt Gehörten
**Aufgabentyp:** 1. Teilschritt: halb offene Aufgabe
2. Teilschritt: geschlossene Zuordnungsaufgabe
**Zeitaufwand:** ca. 10 Min., es wird pro Teilaufgabe einmal vorgespielt
**Lösungsvorschläge und Lösungen:**
**Règle n° 1:** Toujours essayer les vêtements.
**Règle n° 2:** Ne pas acheter trop de vêtements. Ne pas acheter toujours des vêtements de marque.
**Règle n° 3:** Essayer un nouveau look (avec des petits prix).
**Scène 1:** Règle n° 2; **Scène 2:** Règle n° 3; **Scène 3:** Règle n° 1

### 2 Victimes de la mode
**Schwerpunkte: a + b** Leseverstehen: Verstehen eines lehrwerkunabhängigen Textes (Artikel einer Zeitschrift) mit teilweise bekanntem Sprachmaterial
**Aufgabentyp: a** Aussagen auf ihre Richtigkeit überprüfen *(oui/non)*; geschlossene Aufgabe
**b** Fragenkatalog; Wortschatzaufgabe; halb offene Aufgabe; Gesamtaufgabe auch zur Differenzierung geeignet
**Zeitaufwand:** ca. 25 Min. (Gesamtaufgabe)
**Lösungen und Lösungsvorschläge:**
**a** 1. oui; 2. non; 3. non; 4. oui
**b** 1. rouge et vert; 2. combiner les styles et les couleurs; être différent(e); 3. XXL; 4. être réaliste; C'est l'horreur!
5. Forget the look! 6. (Schul-)Klasse; Stil; 7. Les ados aiment les fringues cool.

### 3 Madame Dufour a de la chance!
**Schwerpunkte:** Textverständnis; gram. Kompetenz: die Demonstrativbegleiter im Sg. und Pl. *(ce, cet, cette, ces)*; das Adjektiv (prädikativ u. attributiv); die Farbadjektive; die Adjektive *beau* und *nouveau*
**Aufgabentyp:** Lückentext; geschlossene Aufgabe
**Zeitaufwand:** ca. 15 Min.
**Lösungsvorschläge:**
*Mme Potin*: 1. **Cet** après-midi; sa **nouvelle** maison; C'est une **grande** maison **blanche**. 3. *Mme Potin:* sa **belle** chambre **rouge**; ses **nouveaux** vêtements. 5. *Mme Potin:* **cette** semaine; des **nouvelles** chaussures **bleues**; trois **belles** jupes **blanches**; deux **beaux** sacs **verts;** 6. *Mme Ragot*: son **nouveau** mari; Il est **intéressant**? 7. *Mme Potin*: il n'est pas très **beau**; des **petites** dents **jaunes;** une barbe **grise** … des voitures **géniales**; une Porsche **noire;** une Ferrari **rouge**;

 

frères et sœurs/avoir souvent des disputes entre frères et sœurs

### 3 Ils ont menti?

**Schwerpunkte:** gram. Kompetenz: die Verben auf *-ir* (*sortir, partir, dormir, mentir*); (Kon)Textverständnis
**Aufgabentyp:** Lückentext, geschlossene Aufgabe
**Zeitaufwand:** ca. 10 Min.
**Lösungen:**

**1.** Luc et Arthur **partent**; Leur mère **est** déjà **partie**; Ils ne **sont** pas **sortis**; ils **dorment**; **Sortez**; tu **mens**; tu **pars**; je n'**ai** pas bien **dormi**; *il* **ment**
**2.** Fabienne **sort**; Tu ne vas pas **dormir**? Non, je **sors**; Tu **sors**; nous ne **sortons** plus; Tu ne **mens** pas? Ce week-end, nous **partons**; elles peuvent **dormir**; elles **dorment**

### 4 Tu es ce que tu manges.

**Schwerpunkte:** gram. Kompetenz: der Teilungsartikel, Mengenangaben, die Menge „0" (*ne … pas de, ne … plus de*); Textverständnis
**Aufgabentyp:** Lückentext, geschlossene Aufgabe
**Zeitaufwand:** ca. 10 Min.
**Lösungen:**

**1.** un verre **d'**eau; **du** lait; **des** légumes; **du** poulet et **de la** salade; **des** fruits; **de l'**appétit; **une** pomme ou **un/du** yaourt; plus **de** confiture; pas **de** chocolat; beaucoup **de** sport; **de l'**athlétisme et **de la** natation
**2.** **du** beurre; **de la** confiture; beaucoup **de** sucre; **des** frites et **des** hamburgers; **de la** glace; **du** chocolat; **du** coca; pas **d'**eau; peu **de** fruits et **de** légumes; pas **de** sport

### 5 Qu'est-ce qu'il faut faire?

**Schwerpunkte: a + b** gram. und lex. Kompetenz: das Verb *devoir*; *il faut qc* und *il faut faire qc*; Schreibkompetenz: korrekte Anwendung der Redemittel und gram. Pensen der Lektion; auch zur Differenzierung geeignet (**b**-Teil)
**Aufgabentyp: b** halb offene Aufgabe; Szenen beschreiben nach vorgegeben Impulsen in Wort und Bild
**Zeitaufwand:** ca. 20 Min.
**Lösungsvorschläge:**

**b** ① Mme Sansordre est dans la cuisine. Elle doit faire une liste des courses. Il faut du beurre, des tomates, de la salade, de l'eau … Il faut faire/Elle doit faire la vaisselle.
② Les deux garçons sont dans le salon. Le petit doit manger sa soupe. Il faut aller chercher une cuillère. Le grand garçon doit mettre la télé moins fort./Le grand garçon doit aller chercher une cuillère. Il faut mettre la télé moins fort.
③ La fille est dans sa chambre. Elle doit faire ses exercices/devoirs de maths. Elle doit ranger sa chambre: il faut faire le lit et fermer la porte du salon.

### 6 Grand ≠ petit

**Schwerpunkte: a + b** Wortschatzwiederholung, Vernetzung über Gegensatzpaare (Verben, Adjektive, Präpositionen; Mengenangabe/Menge „0", Zeitangaben)
**Aufgabentyp:** geschlossene Aufgabe
**Zeitaufwand:** ca. 8 Min.
**Lösungen:**

1. C'est **le soir**, une **fille sort** d'une boulangerie.
2. Lucie et sa copine Annabelle **mentent** toujours.
3. **Avant** son interro de maths, Clément ne mange **pas de**/**peu de** céréales.
4. Marie **déteste** la science-fiction. Alors, elle **arrête** le livre d'histoires fantastiques.
5. Patrick **reste encore à** la fête, il danse **toujours**.

### 7 C'est trop!

**Schwerpunkte: a** dialogisches Sprechen; eine Rolle gestaltend übernehmen: Streitgespräch zwischen Geschwistern; **b** zusammenhängendes Sprechen: Beschreiben des Verhältnisses zum eigenen Bruders/zur eigenen Schwester bzw. der Vorstellung eines „idealen" Bruders/einer „idealen" Schwester
**Aufgabentyp:** offene Aufgabe nach vorgegebenen Wort- und Bildimpulsen
**Zeitaufwand (Vorbereitung): a** ca. 10 Min.; **b** ca. 5 Min.
**Lösungsvorschläge**: *vgl. Hinweise auf S. 60 und 61*

### 8 A la crêperie

**Schwerpunkte:** Schreibkompetenz: einen durch muttersprachliche Impulse gesteuerten Dialog erstellen; lex. und gram. Kompetenz: Integration und Transfer der Redemittel der L 4; der Teilungsartikel, die Menge „0" (*ne … pas de* und *ne … plus de*)
**Aufgabentyp:** zweisprachige, halb offene Aufgabe
**Zeitaufwand:** ca. 20 Min.
**Lösungsvorschläge:**

1. Bonjour, qu'est-ce que vous désirez?
2. Bonjour monsieur. Nous voulons une bouteille d'eau, un coca et un verre de jus d'orange, s'il vous plaît.
3. Bien. Est-ce que vous voulez manger?/Vous désirez manger?
4. Oui, monsieur. Mon père prend la crêpe avec du jambon, du fromage et des tomates mais sans œufs. Pour ma mère une crêpe avec du fromage et des champignons.
5. Euh, pardon, nous n'avons plus de champignons. Est-ce que votre/ta mère prend peut-être aussi une crêpe au jambon?
6. Euh, non, pas de jambon. Alors, elle prend une crêpe avec du chocolat et pour moi, une crêpe avec du miel, de la glace et beaucoup de chantilly.
7. Euh … vous avez/tu as oublié la jeune fille/ta (grande) sœur.
8. Ah oui … euh, ma sœur veut une salade avec du fromage et du jambon.
9. Merci, jeune homme/mademoiselle, j'ai noté. C'est tout?
10. Oui, c'est tout, merci monsieur.

## LEÇON 5

### 1 Un papi dans le train

**Schwerpunkte: a + b** Global- und Detailverständnis; Informationen aus einem Hörtext entnehmen
**Aufgabentyp: a + b** geschlossene Aufgabenteile zum Hörverstehen; Fragenkatalog zum Detailverständnis (**a**-Teil); Fragen zum Hörtext auf ihre Richtigkeit überprüfen (*oui/non*) (**b**-Teil)
**Zeitaufwand:** ca. 20 Min. (beide Aufgabenteile), es wird insgesamt dreimal vorgespielt
**Lösungen:**

**a** 1. sa liste de courses; 2. son billet de train; 3. à Saint-Malo; 4. 70€; 5. à la gare du Nord; 6. 85 ans; 7. son portefeuille; 8. une jeune fille; 9. sa carte d'identité; 10. la fille de son fils
**b** 1. non; 2. non; 3. non; 4. oui; 5. non; 6. oui

### 2 Poèmes de gare

**Schwerpunkte:** Global- und Detailverständnis gehörter Reime
**Aufgabentyp:** Wörter gleicher Laute mit unterschiedlicher Schreibung einsetzen: [ɛ̃], [e], [ɛʀ], [aʀ]; geschlossene Hörverstehensaufgabe
**Zeitaufwand:** ca. 5 Min., es wird zweimal vorgespielt
**Lösungen:**

**1.** L'Allemagne, ce n'est pas très **loin**.
Moi, aujourd'hui, je pars à **Berlin**.
Mais zut, trop tard, j'ai raté mon **train**!
Alors je vais prendre le **prochain**.
**2.** A la gare, je suis allée au **guichet**
Et là, j'ai pris mon **billet**.
Ensuite, bien sûr, je l'ai **composté**.
Départ à 8h00! Et à midi, c'est l'**arrivée**.
**3.** Dans un magazine, j'ai lu **hier**.
«Fans de Zebda, demain il y a un **concert**.»
Alors sur Internet, j'ai regardé les **horaires**.
Et là, je pars à Paris, je suis super **fière**.

4. Ce n'est pas vrai, je suis en **retard**.
Et je suis arrivée trop tard à la **gare**.
Il faut arriver avant le **départ**.
Le train est parti et moi, j'en ai **marre**.

### 3 La SNCF vous propose ...
**Schwerpunkte: a + b** Lesekompetenz: Global- und Detailverständnis eines authentischen Textes; Informationen aus einer Broschüre der *SNCF* entnehmen; **c** unbekannte Wörter und Abkürzungen erschließen; **d** einen Werbeslogan verstehen
**Aufgabentyp: a** Mehrfachwahlaufgabe; **b** Fragenkatalog; **c** Übersetzen unbekannten Voks.; geschlossene Aufgabenteile (**a, b, c**); **d** deutsche Sinnwiedergabe eines Slogans; halb offener Aufgabenteil
**Zeitaufwand:** ca. 25 Min. (alle Aufgabenteile)
**Lösungen:**
**a** 1. d'une carte pour voyager avec des réductions; 2. les jeunes de 12 à 25 ans; 3. un site Internet
**b** 1. le train, la voiture, l'avion; 2. avec *l'Eurostar*; de Paris et de Lille; 3. des places de ciné(ma), des CD, des cadeaux; 4. www.voyages-sncf.com ou www.carte12-25-sncf.com
5. 4 jours (ou 7 quand on habite à l'étranger)
**c** 1. un **a**ller-**r**etour = eine Hin- und Rückfahrt; 2. Nutzen Sie die letzten Sonderangebote/den letzten Ausverkauf in London. 3. eine elektronische Zeitschrift; 4. online
**d** Behaltet/Spart euer Geld für dort! = Statt das Geld für eine teuere Reise auszugeben, können sie/die Jugendlichen es am Urlaubsort ausgeben.

### 4 Un casse-pieds à la gare
**Schwerpunkt:** gram. Kompetenz: der Fragebegleiter *quel*; aus Impulsen (Antworten) Fragen herleiten
**Aufgabentyp:** geschlossene Aufgabe
**Zeitaufwand:** ca. 8 Min.
**Lösungen:**
1. Vous habitez dans **quelle** ville?/Dans **quelle** ville est-ce que vous habitez?
2. Vous avez **quel** âge?/ **Quel** âge est-ce que vous avez?
3. Votre train part à **quelle** heure?/A **quelle** heure est-ce que votre train part?
4. Vous écoutez **quelle** musique?/**Quelle** musique est-ce que vous écoutez?
5. Vous aimez **quels** groupes?/**Quels** groupes est-ce que vous aimez?
6. Vous regardez **quelles** photos?/**Quelles** photos est-ce que vous regardez?
7. Vous avez **quels** CD dans votre sac?/**Quels** CD est-ce que vous avez dans votre sac?

### 5 Le lit ou les croissants?
**Schwerpunkte:** Kontextverständnis (Szene des tägl. Alltags); gram. Kompetenz: die Verben auf *-dre (entendre, descendre, répondre, attendre)*
**Aufgabentyp:** Lückentext; geschlossene Aufgabe
**Zeitaufwand:** ca. 7 Min.
**Lösungen:**
1. vous descendez? Je vous attends; 2. Tu entends? 3. je ne veux pas répondre; je ne descends pas; 4. si nous attendons; 5. Vous entendez; 6. il ne nous attend plus; qu'est-ce que tu attends; 7. Ils répondent; ils descendent

### 6 Passe-temps dans le train
**Schwerpunkte:** Schreibkompetenz: einen Dialog verfassen
**Aufgabentyp:** offene Aufgabe; mithilfe von Vorgaben (Frage- und Stichwortimpulsen) ein kurzes Interview aufschreiben, das während einer Bahnfahrt geführt wird und bei dem ein/e Jugendliche/r über seinen/ihren Lieblingsstar befragt wird; auch zur Differenzierung geeignet.
**Zeitaufwand:** ca. 25 Min.
**Lösungen:**
*individuelle Schülerlösungen*

### 7 On sort?
**Schwerpunkte: a** dialogisches Sprechen; eine Rolle gestaltend übernehmen: mithilfe visueller Impulse (Plakate) Aktivitäten vorschlagen; über eigene Interessen sprechen
**b** zusammenhängendes Sprechen: über eine Reise nach Paris und ein Konzert berichten
**Aufgabentyp: a + b** offene Aufgabenteile nach vorgegebenen Wort- und Bildimpulsen; DELF-hinführend (**a**-Teil)
**Zeitaufwand (Vorbereitung): a** ca. 10 Min.; **b** ca. 5 Min.
**Lösungsvorschläge**: *vgl. Hinweise auf S. 60 und 61*

### 8 Quel stress!
**Schwerpunkte:** lex. und gram. Kompetenz: Integration und Transfer der Redemittel der L 5; die direkten Objektpronomen *le/la/les/l'*; das Verb *venir;* Schreibkompetenz: einen durch muttersprachliche Impulse gesteuerten Dialog erstellen
**Aufgabentyp:** zweisprachige, halb offene Aufgabe
**Zeitaufwand:** ca. 20 Min.
**Lösungsvorschläge:**
1. Salut, c'est [nom]! Je suis arrivé(e) à Paris. Pourquoi est-ce que vous n'êtes pas venus?/Pourquoi est-ce que tu n'es pas venu avec tes parents?
2. Quoi? Mais mes parents sont partis à neuf heures. Est-ce que tu les vois sur le quai?
3. Je ne sais pas. Je ne les connais pas. Qu'est-ce que je fais alors? Est-ce que je viens avec le métro?
4. Non, attends encore un peu. Je peux appeler mon père. Il a un portable.
5. Bonne idée!
6. Zut, mon père a oublié son portable. Je le vois sur la table. Alors, je viens avec mon frère. Ce n'est pas loin, nous venons/on vient à pied.
7. Attends une minute. Je vois un homme. Il a une photo dans la main. Il la regarde et il me regarde ...
8. C'est mon père. Mes parents sont toujours en retard.
9. Ecoute, tes parents m'appellent maintenant.
10. Ouf ! Alors, vous venez tout de suite à la maison?/Alors, vous rentrez tout de suite?
11. Oui, à tout de suite! Salut!

## LEÇON 6

### 1 L'anniversaire au commissariat
**Schwerpunkte: a, b, c** Global- und Detailverständnis
**a** Informationen aus einem Hörtext entnehmen;
**b** selektives Hören; **c** Detailverständnis (Personenbeschreibung); lex. Kompetenz
**Aufgabentyp: a, b, c** geschlossene Aufgabenteile;
**a** Detailfragen schriftlich beantworten; **b** Fragen auf ihre Richtigkeit überprüfen (*vrai/faux*); **c** Erstellen von Phantombildern nach Hörtext
**Hinweis zu c:** Es müssen Farbstifte zur Verfügung stehen.
**Zeitaufwand: a + b** ca. 15 Min., es wird zweimal vorgespielt; **c** ca. 10 Min., es wird zweimal vorgespielt
**Lösungen:**
**a** 1. Parce que c'est l'anniversaire de sa mère;
2. à deux garçons; 3. ses chaussures de sport; 4. avec la police; 5. au commissaire
**b** 1. faux; 2. vrai; 3. faux; 4. faux; 5. vrai; 6. pas dans le texte; 7. faux
**c** *individuelle Schülerlösungen*
**Hinweise:** Bei den Phantombildern müssen die **Eigenschaften** der Personen umgesetzt werden (**racketteur 1:** petit, mince, cheveux blonds, yeux verts, piercing au nez; **racketteur 2:** (assez) grand, gros, cheveux bruns, lunettes); keine Bewertung der Zeichenkompetenz

### 2 Opération «Ruban Vert»
**Schwerpunkte:** Lesekompetenz: **a** Globalverständnis; phonologische Kompetenz (Sicherung des Textverständnisses: Wörter/Begriffe erschließen); **b + c** Global- und Detailverständnis; Informationen aus Dokumenten entnehmen

**Aufgabentyp: a** unbekanntes/transparentes Vok. aus dem Kontext erschließen und auf Deutsch wiedergeben
**b** Mehrfachwahlaufgabe zum Leseverstehen;
**c** Fragen zum Detailverständnis schriftlich beantworten; Gesamtaufgabe auch zur Differenzierung geeignet
**Zeitaufwand:** ca. 30 Min. (Gesamtaufgabe)
**Lösungen:**
**a** 1. ein Projekt auf den Weg bringen; 2. Verpflichtungen; 3. Fachleute/Experten einladen; 4. ein (Bühnen)Stück aufführen; 5. etw. veröffentlichen; 6. etw. über das Thema schreiben
**b** 1. contre la violence à l'école; 2. un prix; 3. plusieurs projets; 4. aux élèves et leurs parents; 5. une exposition
**c** 1. un commissaire (de police), un éducateur de rue; 2. une pièce «Ruban Vert»; 3. pendant le cours «Vie de classe»; 4. avec le professeur principal; 5. NON à la violence en plusieurs langues; 6. sur le site Internet du collège et sur le site «Ruban Vert»

### 3 Le «Petit Prince»

**Schwerpunkte:** Kontextverständnis; gram. Kompetenz: Fragen stellen mit den Präpositionen *à, sur, de, chez, avec + qui/quoi*
**Aufgabentyp:** Fragen zu Aussagen finden; geschlossene Aufgabe
**Zeitaufwand:** ca. 10 Min.
**Lösungen:**
1. Hein, **sur quoi** est-ce qu'il faut faire un projet?
2. (...) **Avec qui** est-ce que tu veux travailler?
3. Hein?? **Chez qui** est-ce que tu vas aller? Et **de quoi** est-ce que vous allez parler?
4. **De qui** est-ce que vous allez chercher des dessins?
5. **A qui** est-ce que tu vas demander?

### 4 Préparons la fête!

**Schwerpunkte:** Textverständnis; gram. Kompetenz: Differenzierung und Stellung der dir. Objektpronomen *le, la, l', les* und der indir. Objektpronomen *lui, leur*
**Aufgabentyp:** Lückentext, geschlossene Aufgabe
**Zeitaufwand:** ca. 10 Min.
**Lösungen:**
1. je ne veux pas **l'**organiser tout seul; Qui veut **le** faire? 2. Tu **lui** demandes; Et moi, je vais **les** préparer! 4. Tu dois **les** acheter; 5. Mais qui va **la** faire? 6. mes sœurs connaissent la recette, je vais **leur** demander; 8. je sais que ce groupe ne **leur** plaît pas; Alors, je vais **leur** téléphoner et Mélanie peut **les** apporter à la fête.

### 5 Un travail d'équipe

**Schwerpunkte:** Kontextverständnis; gram. Kompetenz: die Verben *connaître, écrire, lire, décrire, dire*; Wdh. von unregelmäßigen Verben, bzw. von Verben mit Besonderheiten in der richtigen Form und Zeit *(présent, passé composé)*
**Aufgabentyp:** Lückentext, geschlossene Aufgabe; auch als Lückendiktat geeignet
**Zeitaufwand:** ca. 15 Min.
**Lösungen:**
*Thierry:* Daniel, tu **as lu** les sujets pour l'exposé ? Pas facile, hein? Tu **as compris** ce qu'il faut **faire**? *Daniel:* Ouais, ça va aller ... Mais on **peut** faire le devoir ensemble, avec les copains, si vous **voulez**. **Commençons** mercredi, après les cours. *Philippe:* Super idée, moi, je ne **connais** pas assez bien la ville pour la **décrire** dans un exposé. *Daniel:* Mais c'est facile: vous **écrivez** d'abord vos idées pour l'exposé sur un papier et moi, je vais demander à mon oncle, il habite Toulouse. En plus, Thierry et Yann **doivent** faire des recherches sur Internet. Ça va être un vrai travail d'équipe! *Thierry:* Euh, ... est-ce que vous **êtes** d'accord si je **dis** à Amandine qu'elle peut **venir** aussi? Ses sœurs **font** leurs études à Toulouse et elles **connaissent** peut-être ... *Philippe:* Ah, Thierry, je *te* **connais** tu **adores** Amandine!
Mercredi après-midi chez Daniel. *Thierry:* Alors, ton oncle **as répondu**? *Daniel:* Oui, il m'a envoyé un e-mail avec un document sur l'histoire de Toulouse. **Lis** le document avec Philippe et **dites** après ce qu'on **met** dans l'exposé. Euh, ... et Amandine, elle **vient** aussi? *Thierry:* Ah oui, et elle **apporte** des photos de Toulouse et sa région!

### 6 Les plus grandes villes de France

**Schwerpunkte: a** dialogisches Sprechen; eine Rolle gestaltend übernehmen: Ausdrücken einer eigenen Meinung (Vorlieben für eine Stadt nennen; Aktivitäten in Paris vs. Aktivitäten in Toulouse)
**b** zusammenhängendes Sprechen; Beschreiben einer Informationsrecherche; Redemittel der L 6, Sätze und Satzteile durch Konnektoren verbinden *(et, ensuite, alors, mais, d'abord, enfin, puis, parce que)*
**Aufgabentyp: a+b** offene Aufgabe nach vorgegebenen (Stich-)Wortimpulsen
**Zeitaufwand (Vorbereitung): a + b** ca. 10 Min. (pro Teilaufgabe)
**Lösungsvorschläge**: *vgl. Hinweise auf S. 60 und 61*

### 7 Gagné!

**Schwerpunkte:** Sprachmittlung; bei einer Internetrecherche vermitteln; lex. und gram. Kompetenz: Integration und Transfer der Redemittel der L 6; die indirekte Rede/die indirekte Frage
**Aufgabentyp:** durch zweisprachige Impulse gesteuerte, halb offene Aufgabe; auch zur Differenzierung geeignet
**Zeitaufwand:** ca. 20 Min.
**Lösungsvorschläge:**
1. Mon frère dit qu'il n'aime pas le rugby. Il adore faire du foot.
2. Er spielt oft mit seinen Freunden in der Pause Fußball. Er liebt Sport (allgemein) und spielt auch noch Basketball.
3. Mon frère demande s'il doit nous aider. Il peut nous montrer comment on travaille sur Internet.
4. Er will wissen, was man zuerst machen muss.
5. Mon frère demande si tu peux travailler avec le moteur de recherche.
6. Er hat es noch nicht oft gemacht und weiß auch nicht mehr, wie man die Textfelder ausfüllen muss.
7. Mon frère dit qu'il faut d'abord cliquer sur www.google.fr, puis écrire «Toulouse» et «rugby».
8. Mon frère dit que le lien s'appelle peut-être «résultats de matchs».
9. Seine Mannschaft/Die Mannschaft von Toulouse hat gewonnen. Er weiß jetzt auch, wie man die Suche verfeinern kann.

## LEÇON 7

### 1 Enfin les vacances!

**Schwerpunkte: a, b, c** Global- und Detailverständnis; Informationen aus einem Hörtext entnehmen
**Aufgabentyp: a** Freizeitaktivitäten den entsprechenden Personen zuordnen; **b** selektives Hören; Detailfragen beantworten und in ein Rätsel einsetzen; **c** unverbundene Personalpronomen umwandeln und den entsprechenden Personen des Hörtextes zuordnen; Fragen schriftlich beantworten; geschlossene Aufgabenteile
**Zeitaufwand:** ca. 20 Min., es wird insgesamt dreimal vorgespielt

**Lösungen: a**

| | Abdel | Aline | Léo | Sophie |
|---|---|---|---|---|
| 1. faire du canoë | | | | X |
| 2. travailler | X | | X | |
| 3. aller à la mer | X | | X | |
| 4. faire des randos | | X | | X |
| 5. aller à l'hôtel | | X | | |
| 6. faire du camping | | | X | X |
| 7. faire du scooter | | | X | X |

**b horizontalement**: 1 COÛTE; 2 PLAGE; 3 DANGEREUX; 4 SAMEDIS;
**verticalement:** 5 GLACES; 6; RANDOS; 7 TOURISTES
**c** 1. **Les parents** d'Abdel; des fruits et des légumes; 2. **Aline**; Parce qu'elle n'aime pas les randos. 3. **Léo**; Parce qu'il y a des fêtes tous les soirs au camping. 4. **La mère de Sophie**; Parce qu'elle trouve le scooter dangereux.

### 2 La fête de la musique
**Schwerpunkte: a + b** Lesekompetenz: Global- und Detailverständnis eines authentischen Textes; Informationen aus einer Untersuchung entnehmen
**b** phonol. Kompetenz: Wortschatzarbeit
**Aufgabentyp: a** Mehrfachwahlaufgabe *(vrai/faux)*
**b** Fragen zu teilw. unbek. Vok. beantworten; Synonyme, Antonyme (Gegensätze) im Text finden; die deutsche Bedeutung von transparentem bzw. erschließbarem Vok. wiedergeben; geschlossene Aufgabenteile (**a + b**)
**Zeitaufwand:** ca. 25 Min.
**Lösungen:**
**a** 1. faux; 2. vrai; 3. faux; 4. faux; 5. vrai; 6. faux; 7. vrai
**b** 1. sich künstlerisch betätigen/etwas künstlerisch darbieten; 2. un (musicien) amateur; 3. une journée géniale; 4. être gratuit; 5. soziale Klassen/Schichten; 6. jouer devant un public; 7. la musique classique; 8. les musiques folkloriques

### 3 Pourquoi est-ce que Claire aime Léo?
**Schwerpunkte:** Kontextverständnis (Tagebucheintrag); lex. Kompetenz: zu einem bekannten, bzw. transparenten oder erschließbaren Adjektiv das Antonym finden
**Aufgabentyp:** Wortschatzarbeit; Adjektive angleichen und sinnvoll in einen Lückentext einsetzen; geschlossene Aufgabe; auch zur Differenzierung geeignet
**Zeitaufwand:** ca. 7 Min.
**Lösungen:**
J'aime Léo. Léo est un garçon très **calme**: il n'est jamais **énervé**, il ne crie jamais. Il n'est pas comme les autres garçons. Eux, je les trouve vraiment **idiots**, surtout quand ils rigolent à cause des vêtements de Léo. Ses parents ne sont pas **riches** alors il porte souvent la même chose. Mais Léo est un garçon **intelligent**. Il ne dit rien et même quand les autres garçons lui disent un mot **méchant**, il reste très **gentil** et il leur sourit. Eux, ça les énerve! Ils ont peut-être de l'argent mais je trouve qu'ils sont **pauvres** dans leur tête, parce qu'ils n'ont rien dedans!

### 4 Axel et Marc, c'est le jour et la nuit!
**Schwerpunkte: a** gram. Kompetenz: die Verneinungen *ne … pas/ne … plus/ne … pas encore/ne … jamais/ne … rien/ ne … pas non plus;* **b** Schreibkompetenz: schriftl. Gestalten einer Situation, die sich vom **a**-Teil ableitet; korrekte Anwendung der Verneinungen
**Aufgabentyp: a** vorgegebene Sätze verneinen; geschlossener Aufgabenteil; **b** eine analoge Situation aus dem persönl. Erlebnishorizont schriftlich wiedergeben; halb offener Aufgabenteil, Teilaufgabe auch zur Differenzierung geeignet
**Hinweis:** Für den **b**-Teil muss ein extra Blatt Papier zur Verfügung stehen.
**Zeitaufwand:** ca. 20 Min. (beide Aufgabenteile)
**Lösungen:**
**a** 1. Marc **n'a pas de** chance. 2. A l'école, il **ne comprend rien**. 3. Il **n'a jamais de** bonnes notes. 4. Il **n'a pas encore de** scooter. 5. Sa copine **ne l'aime plus**. 6. Et les autres filles de la classe **ne l'aiment pas non** plus.
**b** *individuelle Schülerlösungen*

### 5 Les habitudes
**Schwerpunkte: a** zusammenhängendes Sprechen: anhand einer Bildergeschichte (Comic) eine Erzählung in der Ich-Form im *passé composé* vortragen und die Rolle der Hauptfigur gestaltend übernehmen
**b** dialogisches Sprechen: in Partnerarbeit einen Fragen- und Antwortkatalog erarbeiten; Informationen über Gewohnheiten einholen und darüber Auskunft geben
**Aufgabentyp: a + b** offene Aufgabenteile nach vorgegebenen Wort- und Bildimpulsen; auch zur Differenzierung geeignet (**b**-Teil)
**Zeitaufwand (Vorbereitung): a** ca. 10 Min.; **b** ca. 10 Min.
**Lösungsvorschläge:** *vgl. Hinweise auf S. 60 und 61*

### 6 Les stars de la Fête de la Musique
**Schwerpunkte:** Sprachmittlung; beim Besuch der *Fête de la Musique* vermitteln (Sprachhindernisse); lex. und gram. Kompetenz: Integration und Transfer der Redemittel der L 7; die indirekte Rede/Frage (Wdh.); der Indefinitbegleiter *tout;* die unverbundenen Personalpronomen
**Aufgabentyp:** durch zweisprachige Impulse gesteuerte, halb offene Aufgabe; auch zur Differenzierung geeignet
**Zeitaufwand:** ca. 20 Min.
**Lösungsvorschläge:**
1. Ce sont Tim et Lucas de Berlin. Ils demandent pourquoi tous les jeunes sont/tout le monde est dans la rue ce soir.
2. Hallo! Ich bin sein Austauschpartner und werde euch alles erklären. Heute ist *die Fête de la Musique*/das (jährliche) Musikfest. Gibt es das auch bei euch (in Berlin)?/ Gibt es kein Musikfest bei euch (in Berlin)?
3. Si, chez eux/à Berlin, il y a souvent des groupes (de musique) dans la rue. Ils demandent aussi s'il y a cette fête tous les ans.
4. Ja, immer am 21. Juni. Seine Kumpels und er sind jedes Jahr dabei. Es ist/herrscht eine tolle Stimmung.
5. (C'est vrai!) Dis, tout le monde peut faire de la musique et tous les concerts sont vraiment gratuits?
6. Ja! Seine Kumpels haben auch eine Band. Ihr Konzert beginnt in 20 Minuten. Seid ihr interessiert/Interessiert euch das?
7. Oui, ça les intéresse beaucoup. Ils demandent si tu fais aussi de la musique.
8. Er singt und ihr?
9. Lui, il chante aussi et son copain joue de la guitare.
10. Er fragt, ob ihr (auch) schon Fans habt. Die Mädchen finden ihn (und seine Band) toll. Also, kommt, wir gehen jetzt, dann werdet ihr seine Fans treffen!

## RÉVISIONS II

### 1 Une journée à l'école
**Schwerpunkte:** Textverständnis; das *passé composé* mit *avoir* und *être*; die Angleichung des *participe passé*
**Aufgabentyp:** Lückentext; geschlossene Aufgabe
**Zeitaufwand:** ca. 15 Min.
**Lösungen:**
**1.** – Ce matin, j'**ai attendu** ma nouvelle copine dans la rue. **2.** Elle **est arrivée** 10 minutes en retard et elle **a dit**: «Pardon, je ne **suis** pas **sortie** de mon lit à l'heure!» **3.** Vite, nous **avons pris** le bus et nous **sommes descendus** à la station «Collège Guillaumet» mais nous **sommes arrivés** en retard au premier cours! **4.** Alors, j'**ai ouvert** la porte de la salle de classe et j'ai fait «pardon» mais le prof **a** seulement **dit** «chut»! **5.** Nous **avons pris** place, puis j'**ai lu** les questions de l'interro mais je

n'**ai** rien **compris**! L'horreur! **6.** Puis, le prof **a vu** que j'**ai fermé** les yeux et que j'**ai dormi** pendant quelques instants. **7.** Il **a crié**: «Hé, vous, le nouveau! De quoi est-ce que vous rêvez?» **8.** L'après-midi, pendant le cours de français, nous **avons écrit** une lettre à un collège allemand. **9.** Après les cours, ma copine **est restée** au CDI pour préparer un exposé et moi, je **suis rentré** à la maison. **10.** A 20 heures, ma copine **est venue** chez moi et on **a lu** le nouveau «Titeuf» de Zep dans ma chambre. **11.** A 21 h, elle **est rentrée** chez elle. **12.** Et moi, j'**ai appris** mon nouveau vocabulaire allemand pour l'interro de demain!

## 2 Les contraires

**Schwerpunkt:** lex. Kompetenz: Antonyme finden
**Aufgabentyp:** geschlossene Aufgabe
**Zeitaufwand:** ca. 5 Min.
**Lösungen:**
1. ouvrir qc; 2. mentir; 3. partir; 4. monter; 5. répondre; 6. vendre qc; 7. être gros(se); 8. un aller-retour; 9. l'arrivée; 10. à droite

## 3 Quand une mère est à l'hôpital ...

**Schwerpunkte:** Kontextverständnis; gram. Kompetenz: Fragen stellen mit den Präpositionen *à, de, avec + qui/quoi; il faut* + Infinitiv
**Aufgabentyp:** Fragen zu Aussagen finden; geschlossene Aufgabe
**Zeitaufwand:** ca. 10 Min.
**Lösungen:**
1. *Alicia:* Papa, où est-ce que tu es? 2. Qu'est-ce qu'elle a fait? 3. La pauvre! Comment est-ce qu'elle va (maintenant)? 4. Oui, bien sûr, qu'est-ce qu'il faut faire? 5. Euh ..., pour les courses, avec quoi est-ce qu'il faut payer? Je n'ai pas d'argent. 6. Hein? A qui est-ce qu'elle a parlé? 7. De quoi est-ce qu'elle a (trop) peur? 8. Attends, quand est-ce que tu vas rentrer?

## 4 Un homme intéressant et une femme intéressante

**Schwerpunkte:** lex. und gram. Kompetenz: Bildung und korrekte Anwendung der Adjektive
**Aufgabentyp:** 1. Schritt: Domino (Adjektivendungen korrekt zuordnen); geschlossener Aufgabenteil; 2. Schritt: Beispiele für die zusammengesetzten Adjektivformen finden *(m.; f.; m.,pl.; f.,pl.)*; halb offener Aufgabenteil
**Zeitaufwand:** ca. 10 Min.
**Lösungen und Lösungsvorschläge:**
1. dange**reux**: un/des accident(s) **dangereux**;
2. blon**ds**: des cheveux **blonds**; 3. gros**ses**: des **grosses** voitures; 4. fi**ers**: des chevaux **fiers**; 5. genti**lles**: des vendeuses **gentilles**; 6. sco**laire**: une année **scolaire**, un livre **scolaire**; 7. alle**mand**: un prof **allemand**; 8. nu**lles**: des chansons **nulles**; 9. sym**pas**: des hommes **sympas**, des femmes **sympas**; 10. min**ce**: un garçon **mince**, une fille **mince**; 11. pro**chaines**: des **prochaines** vacances; 12. fa**ciles**: des devoirs **faciles**, des interrogations **faciles**

## 5 Ma sœur m'énerve!

**Schwerpunkte: a** lex. und gram. Kompetenz: Integration der Verben der LL 4–7 im *présent* und *futur composé*;
**b** Differenzierung und Stellung der dir. und indir. Objektpronomen *(le, la, l', les/lui, leur)*
**Aufgabentyp: a** Verben in einen Lückentext einsetzen;
**b** Transformation von Objekten des **a**-Teils in Objektpronomen; geschlossene Aufgabenteile
**Zeitaufwand**: ca. 20 Min. (**a + b**)
**Lösungen:**
**a 1.** Moi, je **veux plutôt écrire** un e-mail à mon copain. **2.** Il **attend déjà mon message**. **3.** Mais mon frère Maxime et moi, nous **devons lire** une histoire marrante à la petite. **4.** Je n'ai pas envie et Maxime, lui, **ne veut pas lire** des histoires pour petites filles, il trouve ça nul. **5.** Il **connaît** des blagues, alors il **promet** à notre sœur de les raconter ce soir. **6.** Elle n'est pas contente. Elle **veut téléphoner** tout de suite à maman et papa! **7.** Je **sais déjà** que ça **ne va pas plaire** à papa ... **8.** Alors, je **prends** le livre idiot de ma sœur et je **lis** un tout petit chapitre! **9.** Puis, j'**écris** des SMS à mes copines Léa et Marie. Elles **vont comprendre** que ma sœur m'énerve!
**b** 1. Moi, je veux plutôt **lui** écrire un e-mail. **2.** Il **l'**attend déjà. **3.** Mais mon frère Maxime et moi, nous devons **la** lire. **4.** Je n'ai pas envie et Maxime, lui, ne veut pas **les** lire, il trouve ça nul. **5.** Il connaît des blagues, alors il **lui** promet de les raconter ce soir. **6.** Elle n'est pas contente. Elle veut tout de suite **leur** téléphoner! **7.** Je sais déjà que ça ne va pas **lui** plaire ... **8.** Alors, je prends le livre idiot de ma sœur et je **le** lis! **9.** Puis, je **leur** écris des SMS. Elles vont comprendre que ma sœur m'énerve!

## 6 Cherche les groupes.

**Schwerpunkte: a + b** lex. Kompetenz und Schreibkompetenz: mit Vok. der LL 4–7 etwas beschreiben
**Aufgabentyp: a** Klassifizierung von bekanntem Vok. *(à l'école/à la gare/dans la cuisine)*; geschlossener Aufgabenteil
**b** Satzelemente strukturieren und damit schriftlich drei (kurze) Szenen beschreiben; halb offener Aufgabenteil
**Zeitaufwand:** ca. 25 Min.
**Lösungen und Lösungsvorschläge:**
**a**
① **à l'école:** lire le sujet; ajouter des mots-clés; changer le sujet; faire un exposé; écrire un article; montrer des photos; regarder les résultats; aller au CDI
② **à la gare:** attention au départ; monter dans le train; dans quelle direction; c'est direct; rater le train; regarder les horaires; changer de train
③ **dans la cuisine:** lire une recette; mettre au frigo; ça sent bon; prendre assez de sucre; faire la cuisine; ajouter du sel; écrire une liste des courses
**b** *individuelle Schülerlösungen*

## 7 La recette du cake aux fruits confits

**Schwerpunkte:** monologisches/zusammenhängendes Sprechen: die Mengen der Zutaten für einen Kuchen angeben; die Zahlen bis 1000; (Vervielfältigen der) Mengenangaben
**Aufgabentyp:** offene Aufgabe nach vorgegebenen Impulsen in Wort und Bild
**Zeitaufwand (Vorbereitung):** ca. 5 Min.
**Lösungen:** *vgl. Hinweise auf S. 60*

## 8 Sans mes parents

**Schwerpunkte:** dialogisches Sprechen: ein (Streit-)Gespräch mit einem Elternteil führen (den Urlaub ohne die Eltern verbringen wollen); eine Rolle gestaltend übernehmen; die Verneinungen *ne ... pas non plus, ne ... plus, ne ... jamais, ne ... rien*
**Aufgabentyp:** offene Aufgabe nach vorgegebenen Impulsen in Wort und Bild; DELF-hinführend
**Zeitaufwand (Vorbereitung):** ca. 10 Min.
**Lösungen:** *vgl. Hinweise auf S. 61*

## 9 Paris à pied et en métro

**Schwerpunkte:** dialogisches Sprechen: sich nach dem Weg/der Metroverbindung erkundigen; die offizielle Uhrzeit korrekt anwenden; landeskdl. (Vor-)Wissen über Paris anwenden; eine Rolle gestaltend übernehmen
**Aufgabentyp:** mithilfe des Metroplans einen Weg zu Sehenswürdigkeiten in Paris beschreiben (Ausgangspunkt: *gare du Nord;* Stationen: *Arc de triomphe/Charles de Gaulle-Etoile, Les Halles, Montparnasse-Bienvenüe)*; offene Aufgabe
**Zeitaufwand (Vorbereitung):** ca. 10 Min.
**Lösungsvorschläge:** *vgl. Hinweise auf S. 61*

## 10 Assez d'argent de poche?

**Schwerpunkte:** Sprachmittlung, Streitgespräch über das Taschengeld; lex. und gram. Kompetenz: Integration und Transfer der Redemittel der LL 4–7; die indirekte Rede (alternativ)

**Aufgabentyp:** durch zweisprachige Impulse gesteuerte, halb offene Aufgabe; auch zur Differenzierung geeignet
**Zeitaufwand:** ca. 20 Min.
**Lösungsvorschläge:**

1. Ma mère trouve que les jeunes ont beaucoup d'argent de poche. Toi, tu as combien d'argent de poche?
2. Er bekommt 15€ pro Woche! (Denn) Er kauft immer die neuen CDs von „Superbus" und von „Zarbi" und ist ein Kinofreak/liebt das Kino. Er geht oft ins Kino/Er geht oft dorthin!
3. Comment tu fais (ça)? Tu travailles?/ Ma mère demande comment tu fais (ça) et si tu travailles.
4. Er verkauft Zeitschriften. Er fragt, ob ich genug Taschengeld habe./Er fragt nach der Höhe meines Taschengelds.
5. (...)
6. Ma mère dit que je peux l'aider dans notre boulangerie. Là, il y a toujours du travail!
7. (...)
8. Er meint, ich könne vielleicht samstags im Supermarkt arbeiten./Er meint, dass ich vielleicht samstags im Supermarkt arbeiten kann.
9. Ma mère trouve ton idée super. Elle dit que, comme ça, je ne ne vais plus dormir jusqu'à midi!
10. Er schlägt vor, dass ich bei „Albi" frage.

## MODULES 1-5

### 1 Mais quelle journée!

**Hinweis:** die gram. Pensen sind für das Bundesland Bayern verbindlich.
**Schwerpunkte:** gram. Kompetenz: **a** Der verneinte Imperativ; **b** der bejahte Imperativ mit Pronomen
**Aufgabentyp: a** Selektion des zum Kontext passenden Verbs, danach mithilfe von Bild- und Wortimpulsen Befehle formulieren.
**b** Transformationsaufgabe: Aussagesätze und Substantive zu Imperativen mit Pronomen umformulieren; geschlossene Aufgabenteile.
**Zeitaufwand:** ca. 10 Min.
**Lösungen:**
**a** 1. Ne parlez pas. 2. Ne dors pas. 3. Ne réponds pas. 4. Ne mettez pas (la musique) trop fort.
**b** 1. Fais-**les** avant sept heures. 2. Aide-**la** pour ses devoirs. 3. Explique-**lui** les maths. 4. Sors-**le**. 5. Achète-**moi** le journal. 6. Prépare-**nous** une pizza. 7. Donne-**leur** à manger.

### 2 Pas de stress pendant le week-end!

**Hinweis:** die gram. Pensen sind für die Bundesländer Bayern, Hamburg und Hessen verbindlich.
**Schwerpunkte:** gram. Kompetenz: die reflexiven Verben im Präsens; Kontextverständnis
**Aufgabentyp:** Lückentext, geschlossene Aufgabe
**Zeitaufwand:** ca. 15 Min.
**Lösungen:**
– Samedi matin, je **me lève** à 8h30. Dans la salle de bains, je **me douche** et je **m'habille**. Vers 9h30, mes enfants **se réveillent**. Mais ils **ne se lèvent pas** tout de suite. Puis, ma grande fille va dans la salle de bains. Elle **se regarde** dans la glace et **se coiffe** pendant un quart d'heure! Je **m'énerve** un peu alors je demande: «Les filles, vous **vous occupez** du café bientôt? Et toi, fiston, tu **ne t'occupes pas** de la table?» Il répond: «Mais si, papa, tu **te calmes**? Nous **ne nous dépêchons pas**, c'est le week-end! Nous allons prendre notre petit-déjeuner dans 10 minutes!» Les enfants ont raison, il ne faut pas **se stresser** le week-end!

### 3 Les vacances de rêve

**Hinweis:** die gram. Pensen sind für die Bundesländer Hamburg, Hessen und Rheinland-Pfalz verbindlich.
**Schwerpunkte: a** gram. Kompetenz: die Relativpronomen *qui, que, où*; **b** korrekte Anwendung der Relativpronomen *qui, que, où*
**Aufgabentyp: a** Einsetzen der Relativpronomen in kurze Lückentexte; geschlossener Aufgabenteil
**b** Dolmetschaufgabe: (inhaltliche) Fortsetzung des **a**-Teils mithilfe vorgegebener zweisprachiger Impulse; Wdh. der indir. Rede (alternativ); halb offener Aufgabenteil; auch zur Differenzierung geeignet
**Zeitaufwand:** ca. 20 Min. (Gesamtaufgabe)
**Lösungen: a**
**1** où; que; qui; qu'; que; où
**2** qui; où; où; qui
**3** où; qui; qui
**4** où; que; que; où
**Lösungsvorschläge: b**

1. – (Il dit que) Christine doit aller aussi à Saint-Malo **où** on peut faire du VTT.
2. – (Il dit que) Marine peut venir à Berlin. Là, il y a aussi des magasins géniaux **qui** vendent des fringues de marque.
3. – (Il dit que) Claude a un hobby intéressant **qu**'il doit partager avec d'autres jeunes. (Il demande s') Il ne connaît pas de club **où** on peut apprendre et faire des photos ensemble?

### 4 Les voisins

**Hinweis:** die gram. Pensen sind für die Bundesländer Hessen und Rheinland-Pfalz verbindlich.
**Schwerpunkte:** gram. Kompetenz: das Adjektiv: Steigerung und Vergleich (der Komparativ und der Superlativ); Personen beschreiben
**Aufgabentyp:** mithilfe von Bild- und Wortimpulsen Personen, Tiere und Gegenstände vergleichen; halb offene Aufgabe; auch zur Differenzierung geeignet
**Zeitaufwand:** ca. 15 Min.
**Hinweis:** Die Lösungen müssen auf einem extra Blatt Papier erstellt werden.
**Lösungsvorschläge:**
1. La maison de M. Dupont est **plus petite que** la maison de M. Durand. 2. Les chiens de M. Durand sont **les plus grands (chiens du village)**. 3. La fille de M. Durand est **aussi mince que** la femme de M. Dupont. 4. La femme de M. Durand **est plus grosse que** la femme de M. Dupont. 5. La voiture de M. Durand est **la plus chère (voiture du quartier)**. 6. La maison de M. Dupont est **moins haute que** la maison de M. Durand. 7. La fille de M. Dupont est **la plus jeune (des enfants)**. 8. M. Dupond est **aussi idiot que** M. Durand.

### 5 Ils en viennent ou ils y vont?

**Hinweis:** die gram. Pensen sind für die Bundesländer Berlin, Brandenburg und Rheinland-Pfalz verbindlich.
**Schwerpunkte:** gram. Kompetenz: der Gebrauch der Adverbialpronomen *y* und *en*; Kontextverständnis
**Aufgabentyp:** Einsetzen der Adverbialpronomen in einen Lückentext (E-Mail); geschlossene Aufgabe
**Zeitaufwand:** ca. 7 Min.
**Lösungen:**
y; y; en; en; y; y; y; en; y; y; en; y; y; y; en

 

## Trackliste

**Aufnahmeleitung:**
Gabriele Korn

**Aufnahme:**
Annemarie Weik,
Klett Tonstudio, Stuttgart

**Postproduction:**
Ton in Ton Medienhaus,
Stuttgart

**Gesamtlaufzeit (audio):**
ca. 47 Min.

**Sprecherinnen und Sprecher:**
Patrick Baudrand
Sonia Blin
Glen Boucher
Florence Canette
Pierre Dunand
Maxime Kern
Marc Kiffer
Marie Klein
Camille Raynaud
Hansour Taleb
Margot Taleb
Jean-Marie Tiffert
Régis Titeca
Florian Walz
Anne Weibel
Anthony Weibel

| Leçon | Exercice | Titel | Track |
|---|---|---|---|
| 1 | 1 a | Les copains de Lucie | |
| | | Message n° 1 | 1 |
| | | Message n° 2 | 2 |
| | | Message n° 3 | 3 |
| | 1 b | Les copains de Lucie | |
| | | Message n° 1 | 4 |
| | | Message n° 2 | 5 |
| | | Message n° 3 | 6 |
| 2 | 1 a | Un voleur dans le camp? | 7 |
| | 1 b | Un voleur dans le camp? | 8 |
| | 2 | Ecoute bien! | 9 |
| 3 | 1 a | «Shopping-minute» | 10 |
| | 1 b | «Shopping-minute» | 11 |
| | 1 c | «Shopping-minute» (3 règles d'or) | |
| | | Règle n° 1 | 12 |
| | | Règle n° 2 | 13 |
| | | Règle n° 3 | 14 |
| | 1 c | «Shopping-minute» | |
| | | Scène 1 | 15 |
| | | Scène 2 | 16 |
| | | Scène 3 | 17 |
| 4 | 1 a | Adrien en a marre. | |
| | | Message n°1 | 18 |
| | | Message n° 2 | 19 |
| | | Message n° 3 | 20 |
| | 1 b | Adrien en a marre. | |
| | | Message n° 1 | 21 |
| | | Message n° 2 | 22 |
| | | Message n° 3 | 23 |
| | 1 c | Adrien en a marre. | |
| | | Commentaire 1 | 24 |
| | | Commentaire 2 | 25 |
| | | Commentaire 3 | 26 |
| 5 | 1 a | Un papi dans le train | 27 |
| | 1 b | Un papi dans le train | 28 |
| | 2 | Poèmes de gare (1ère écoute) | 29 |
| | 2 | Poèmes de gare (2e écoute) | 30 |
| 6 | 1 a (Partie A) | L'anniversaire au commissariat | 31 |
| | 1 b (Partie A) | L'anniversaire au commissariat | 32 |
| | 1 c (Partie B) | L'anniversaire au commissariat (1ère écoute) | 33 |
| | 1 c (Partie B) | L'anniversaire au commissariat (2e écoute) | 34 |
| 7 | 1 a | Enfin les vacances! | 35 |
| | 1 b | Enfin les vacances! | 36 |

Die Multisession-CD enthält:
1. **Audiotracks** für jeden handelsüblichen CD-Player mit allen Hörverstehenstexten/-aufgaben, die in diesem Heft mit → *Ecouter/Ecouter et écrire* gekennzeichnet sind.
2. **Skript** zu den Hörverstehensaufgaben als **pdf-Dateien** zum Ausdrucken, nach Lektionen getrennt.